かわいくたのしい ペープサート

井上明美・編著

自由現代社

かわいくたのしいペープサート

CONTENTS

- 2 もくじ
- 4 本書の特長／誌面構成について
- 5 ペープサートの作りかた／舞台の作りかた
- 6 歌って楽しむペープサート
- 34 名作を楽しむペープサート
- 58 生活を楽しむペープサート
- 79 型紙集

歌って楽しむペープサート
sings and enjoys

- 6 ① 犬のおまわりさん
- 10 ② こぶたぬきつねこ 〈子どももできる〉
- 14 ③ 森のくまさん
- 18 ④ コンコンクシャンのうた 〈子どももできる〉
- 22 ⑤ まあるいたまご
- 26 ⑥ 山の音楽家 〈子どももできる〉
- 30 ⑦ あめふりくまのこ

名作を楽しむペープサート
masterpiece is enjoyed

- **34** ① うさぎとかめ
- **38** ② マッチ売りの少女
- **42** ③ アリとキリギリス
- **45** ④ 金太郎
- **50** ⑤ ブレーメンの音楽隊
- **55** ⑥ 3匹の子ぶた

生活を楽しむペープサート
life is enjoyed

- **58** ① ジャンケンしよう 子どももできる
- **61** ② 大きくなったら何になる? 子どももできる
- **64** ③ お返事できるかな? 子どももできる
- **67** ④ 元気にごあいさつ 子どももできる
- **72** ⑤ 私はだあれ? 子どももできる
- **76** ⑥ 虫歯キンをやっつけろ! 子どももできる

☆本書の特長

　ペープサートは、紙に描いた絵に割りばしをつけた、平面的で単純なものですが、ペープサートを動かして展開することによって、さまざまな世界が広がり、子どもたちの想像力をふくらませることができます。

　本書では、「歌って楽しむペープサート」「名作を楽しむペープサート」「生活を楽しむペープサート」というテーマで、園生活の中で子どもたちがいろいろな場面でペープサートを楽しめるような内容を取り上げています。

　そして、すべてのペープサートについて、型紙をつけており、拡大コピーして簡単に使えるようになっています。また、卵の中からひよこが出てくるペープサートや、紙コップを使い、帽子の中に動物が隠れているペープサートなど、楽しいしかけのあるペープサートなども紹介しています。さらに、本書の最大の特長は、保育者の皆様がペープサートを作成して演じるだけでなく、子どもたちにも作ることができ、発展的なあそびへとつなげているペープサートを数多く紹介しているところです。子どもたちが実際に制作して演じたり、発展的なあそびをすることで、子どもたちはよりペープサートを楽しむことができ、豊かな心を育むことにつながります。子どもたちが夢中になるような楽しいペープサートを、保育現場でぜひお役立てください。

☆誌面構成について

❶ 子どもも制作できるペープサートであり、その説明や発展的なあそびを紹介していることを示しています。

❷ 各ペープサートの特長や、演じる際のポイントなどを説明しています。

❸ ペープサートを演じる際に必要なものを紹介しています。なお、各ペープサートの型紙はP.79以降にございます。

❹ 　　　　　で囲んでいる部分の文章は、ペープサートの具体的な動かし方などを解説しています。

❺ 保育者の子どもに向けての言葉がけやセリフの具体例を記載しています。

❻ ペープサートの展開内容を、各動きごとにイラストでわかりやすく示しています。

❼ 歌の部分の歌詞を示しています。

❽ 子どもたちにも作ることができ、発展的なあそびへとつなげているペープサートについては、ここで説明しています。

❾ 歌を用いたペープサートでは、楽曲の楽譜を掲載し、すべて伴奏をつけています。また伴奏は、簡単で弾きやすく、なおかつ楽曲のよさを引き立てたアレンジになっています。

☆ペープサートの作りかた

用意するもの
- 画用紙、厚紙など
- マーカー、色鉛筆など
- 割りばし
- はさみ、カッターなど
- 両面テープ
- ガムテープ
- 鉛筆削り
- 木工用ボンド、のりなど

ここでは、ペープサートの基本的な作りかたをご説明いたします。

① 各ペープサートの型紙をお好みのサイズに拡大コピーし、切り取って色をぬります。厚紙などに貼って、余分なところを切り取ります。

② 割りばしを2つに割り、先の細い方を鉛筆削りで削ります。

③ 割りばしの削った方が下になるように、①の裏側に割りばしをガムテープでつけます。なお、両面にペープサートがつく場合は、割りばしを両面テープでとめ、はさむようにして2つのペープサートをくっつけます。

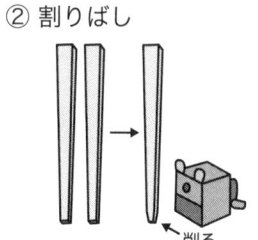

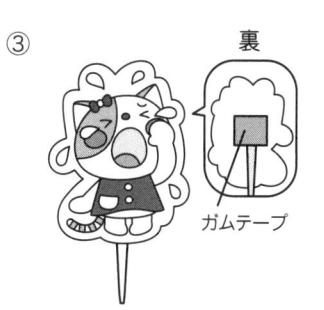

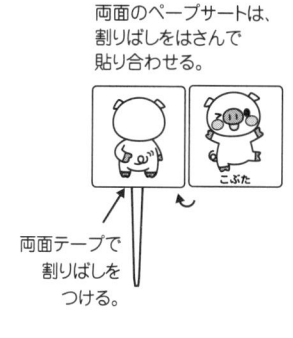

① ② 割りばし　削る　③　裏　ガムテープ

両面のペープサートは、割りばしをはさんで貼り合わせる。
両面テープで割りばしをつける。　こぶた

☆舞台の作りかた

ここでは、ペープサートを演じる際に使用する、舞台の基本的な作りかたをご説明いたします。
なお、ペープサートの内容によって、舞台を使用するものと、そうでないものがあります。

用意するもの
- 大きめの段ボール
- 色画用紙、色模造紙など
- はさみ、カッターなど
- 木工用ボンド、のりなど
- 発泡スチロールのトレー
- 油粘土

① 大きめの段ボールを下記のように切って、舞台の囲みを作ります。

② ①の舞台の正面と横に色画用紙や色模造紙を貼ります。

③ 発泡スチロールのトレー数枚に、油粘土を高く盛るように乗せ、②の舞台の内側に置きます。ペープサートを立てるときは、割りばしを油粘土に刺します。

①、② 50～60cm　20cmくらい　20cmくらい

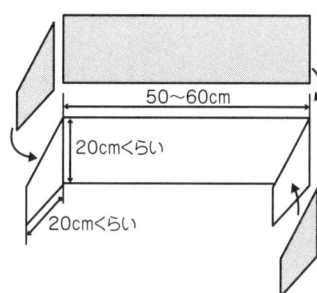

③ 油粘土　トレー　テーブルや机などの上に舞台を置く

sings and enjoys
歌って楽しむペープサート①
犬のおまわりさん

POINT

「♪犬のおまわりさん」の歌詞に合わせて、さまざまな動物やものが登場します。
犬のおまわりさんのペープサートの裏面は、困った表情をしています。歌に合わせてタイミングよく裏がえしましょう。

☆用意するもの　型紙はP.79-80　【背景－野原（型紙P.108）】　◎舞台

◎犬のおまわりさん（表）（裏）　◎こねこ 　◎からす　◎すずめ 　◎おうち 　◎なまえ

☆あそびかた

1.

「こねこ」を出し、

「おうちがわからなくなっちゃった。え～ん・・・。」

あらあら、こねこちゃんは迷子になっちゃったみたいですね。
じゃあ、みんなで犬のおまわりさんを呼んでみましょう。

みんなで一緒に「犬のおまわりさん」を呼ぶ。

2.

「犬のおまわりさん」（表）を出し、

「は～い、お呼びですか？」

迷子のこねこちゃんを助けてあげてください。
じゃあ、みんなで「♪犬のおまわりさん」を歌いましょう。

♪
まいごのまいごの　こねこちゃん
あなたのおうちは　どこですか

sings and enjoys
犬のおまわりさん

3.

「こねこ」を粘土に立て、「おうち」を出して動かす。

♪ おうちをきいても　わからない

4.

「おうち」を下げ、「なまえ」を出して動かす。

♪ なまえをきいても　わからない

5.

「なまえ」を下げ、「こねこ」を抜いて動かす。

♪ ニャンニャンニャンニャーン
ニャンニャンニャンニャーン
ないてばかりいる　こねこちゃん

6.

「犬のおまわりさん」を裏がえし、動かす。

♪ いぬのおまわりさん　こまってしまって
ワンワンワンワーン　ワンワンワンワーン

歌って楽しむペープサート

7.

「犬のおまわりさん」を表にし、「こねこ」を立てる。

♪ **まいごのまいごの　こねこちゃん
このこのおうちは　どこですか**

「からす」を出して動かす。

♪ **からすにきいても　わからない**

8.

「からす」を下げ、「すずめ」を出して動かす。

♪ **すずめにきいても　わからない**

9.

「すずめ」を下げ、「こねこ」を抜いて動かす。

♪ **ニャンニャンニャンニャーン
ニャンニャンニャンニャーン
ないてばかりいる　こねこちゃん**

10.

「犬のおまわりさん」を裏がえし、動かす。

♪ **いぬのおまわりさん　こまってしまって
ワンワンワンワーン　ワンワンワンワーン**

あらあら、こねこちゃんは泣いてばかりで、
犬のおまわりさんは困ってしまったみたいですね。
みんなも、迷子にならないように気をつけましょうね。

犬のおまわりさん

作詞：佐藤義美／作曲：大中 恩

1. まいごのまいごの こねこちゃん あなたのおうちは どこですか おうちをきいても わからない なまえをきいても わからない ニャン ニャン ニャン ニャーン ニャン ニャン ニャン ニャーン ないてばかりいる こねこちゃん いぬのおまわりさん こまってしまって ワン ワン ワン ワーン ワン ワン ワン ワーン

2. まいごのまいごの こねこちゃん このこのおうちは どこですか からすにきいても わからない すずめにきいても わからない ニャン ニャン ニャン ニャーン ニャン ニャン ニャン ニャーン ないてばかりいる こねこちゃん いぬのおまわりさん こまってしまって ワン ワン ワン ワーン ワン ワン ワン ワーン

sings and enjoys
歌って楽しむペープサート②
こぶたぬきつねこ

「子どももできる」

POINT
まずはじめに、ペープサートの裏面に描かれた、歌に登場する動物たちの後ろ姿を見せて、どんな動物かをあてるクイズをします。
ペープサート表面には、動物の絵とともにそれぞれの動物名が書かれていて、それぞれの名前がしりとりでつながっていることを伝えます。

☆用意するもの　型紙はP.80-81　【背景－野原（型紙P.108）】　◎舞台

◎こぶた（表）（裏）
◎たぬき（表）（裏）
◎きつね（表）（裏）
◎ねこ（表）（裏）

☆あそびかた

「なんだろね？？」

「こぶた」の後ろ姿を出し、

これから「動物クイズ」をします。
さあ、この後ろ姿、何だかわかるかな？

「ぶた～～～！！」

「ぶたさんでした」

子どもたちの反応を受けて、「こぶた」を表面にし、

あたり～！ぶたさんでした。
これはこぶたさんですね。

- 10 -

sings and enjoys
こぶたぬきつねこ

同様に「たぬき」、「きつね」、「ねこ」も動物クイズをしていきます。

たぬき〜
きつね？？
ねこ！！
トラ？？？

1.

> すべての動物を表面にして立て、

こぶた、たぬき、きつね、ねこ、
みんな、何か気づいたことがあったかな？

> 子どもたちの反応を受けて、

そう！　しりとりでつながっているんだね。
よくわかったね。
じゃあ、みんなで「♪**こぶたぬきつねこ**」の歌を歌いましょう。

2.

> 「こぶた」(表)を抜いて、動かしながら、

♪ **こぶた（こぶた）**

> 「こぶた」(表)を戻し、「たぬき」(表)を抜いて動かしながら、

♪ **たぬき（たぬき）**

3.

> 「たぬき」(表)を戻し、「きつね」(表)を抜いて動かしながら、

♪ **きつね（きつね）**

> 「きつね」(表)を戻し、「ねこ」(表)を抜いて動かしながら、

♪ **ねこ（ねこ）**

歌って楽しむペープサート

4.

「ねこ」を戻し、「こぶた」を抜いて後ろ姿を見せて動かしながら、

♪ **ブブブー（ブブブー）**

「こぶた」を後ろ姿のまま戻し、「たぬき」を抜いて後ろ姿を見せて動かしながら、

♪ **ポンポコポン（ポンポコポン）**

5.

「たぬき」を後ろ姿のまま戻し、「きつね」を抜いて後ろ姿を見せて動かしながら、

♪ **コンコン（コンコン）**

「きつね」を後ろ姿のまま戻し、「ねこ」を抜いて後ろ姿を見せて動かしながら、

♪ **ニャーオ（ニャーオ）**

以下 **2.〜5.** を同様に行う。

子どももできる

歌に合わせて動かそう

子どもにも、ひとり1セットずつ型紙をコピーして配り、好きな色をぬって、それぞれペープサートを作り、歌に合わせて動かして楽しみましょう。

こぶたぬきつねこ

作詞／作曲：山本直純

sings and enjoys
歌って楽しむペープサート③
森のくまさん

> **POINT**
> 歌に登場する「お嬢さん」や「くまさん」は、ペープサートの表裏で表情が変わります。くまさんに出会って驚き、慌てて逃げるお嬢さんや、トコトコついて来るくまさんの動きを大げさに演じて、歌を盛り上げましょう。

☆用意するもの　型紙はP.81-82　【背景－森（型紙 P.108）】　◎舞台

◎お嬢さん（表）（裏）　◎くまさん（表）（裏）　◎音符　◎イヤリング

☆あそびかた

1.

森の中で、かわいいお嬢さんが、くまさんに出会いました。さて、どうなるのでしょう・・・。

右手で「お嬢さん」（表）を持ち、下手（子どもたちから見て左手）から登場させ、歌に合わせて上手方向にトコトコ動かす。
左手で「くまさん」（表）を持ち、上手から登場させ、下手方向にトコトコ動かす。

♪ **あるひ　もりのなか　くまさんに　であった**

2.

「お嬢さん」を裏がえし、びっくりした様子を表現するように、小刻みにゆらす。

♪ **はなさく　もりのみち　くまさんに　であった**

sings and enjoys
森のくまさん

3.

さあ、お嬢さんが、くまさんに出会ってしまいましたね。
みんななら、どうする？

子どもの反応を受け、2番の歌に合わせて「くまさん」（表）をゆらす。

♪
くまさんの　いうことにゃ
おじょうさん　おにげなさい

4.

「お嬢さん」（裏）をトコトコ動かしながら下手に移動し、下げる。

♪
スタコラ　サッサッサッのサ
スタコラ　サッサッサッのサ

5.

お嬢さんは、逃げて行きましたね。
くまさんは、どうするのでしょう…。

「くまさん」（表）をゆらす。

♪
ところが　くまさんが　あとから　ついてくる

6.

「くまさん」（表）をトコトコ動かしながら下手に移動し、下げる。

♪
トコトコ　トッコトッコト
トコトコ　トッコトッコト

歌って楽しむペープサート

7.

あらあら大変！ くまさんがお嬢さんの後をついて行きましたね。
お嬢さんは、どうなるのでしょう・・・。

下手に「お嬢さん」（裏）を立て、左手に「くまさん」（表）を持ち、
「くまさん」（表）をゆらす。

♪ おじょうさん　おまちなさい　ちょっと　おとしもの

8.

「イヤリング」を出し、左手で「くまさん」（表）と一緒に持ってゆらす。

♪ しろい　かいがらの　ちいさな　イヤリング

9.

上手に「くまさん」（表）を立て、「イヤリング」を下げる。
「お嬢さん」を抜いて表にし、「音符」を出して一緒に右手で持ち、
ゆらす。

♪ あら　くまさん　ありがとう
おれいに　うたいましょう

10.

左手で「くまさん」を抜いて裏にし、右手の「お嬢さん」（表）
「音符」と一緒にゆらす。

♪ ラララ　ラララララ　ラララ　ラララララ

お嬢さんとくまさんは、一緒に楽しく歌を歌って、
それからすっかり仲良しになったそうですよ。よかったね。

森のくまさん

作詞：馬場祥弘／アメリカ民謡

sings and enjoys

歌って楽しむペープサート④

子どもも できる

コンコンクシャンのうた

> **POINT**
> 歌に登場する動物たちのさまざまなマスクをペープサートで表現します。歌詞の最後の「♪クシャン」で、マスクがはずれた裏面の絵をクルリと出して、面白さを演出しましょう。
> また、子どもたちにも、自分が好きな形のマスクの絵を描いてもらい、替え歌に合わせてペープサートを楽しみましょう。

☆用意するもの　型紙はP.82-84

- りす（表）（裏）
- ぶた（表）（裏）
- つる（表）（裏）
- かば（表）（裏）
- ぞう（表）（裏）

☆あそびかた

1. みんな、マスクって見たことあるかな？　マスクはどんな形をしているかな？

しかく〜〜

せいかいっ！

> 子どもたちの反応を受けて、
>
> そうだね。マスクは四角い形で、人間のマスクはこのくらいの大きさだね。
>
> 保育者は、実物のマスクを取り出して見せ、実際に口にして見せる。

sings and enjoys
コンコンクシャンのうた

2.

マスクをはずす。

でも、動物たちのマスクは、いろいろな形や大きさのものがあるんだよ。
じゃあ、みんなで「♪**コンコンクシャンのうた**」を歌ってみましょう。

3.

「りす」(表)を出し、動かしながら、

「りす」をクルリと裏がえして、

♪
りすさんが　マスクした
ちいさい　ちいさい　ちいさい　ちいさい　マスクした
コンコン　コンコン

♪ クシャン

4.

「りす」を下げ、「つる」(表)を出し、動かしながら、

「つる」をクルリと裏がえして、

♪
つるさんが　マスクした
ほそい　ほそい　ほそい　ほそい　マスクした
コンコン　コンコン

♪ クシャン

5.

「つる」を下げ、「ぶた」(表)を出し、動かしながら、

「ぶた」をクルリと裏がえして、

♪
ぶうちゃんが　マスクした
まるい　まるい　まるい　まるい　マスクした
コンコン　コンコン

♪ クシャン

6.

「ぶた」を下げ、「かば」(表)を出し、動かしながら、

「かば」をクルリと裏がえし、

♪
かばさんが　マスクした
おおきい　おおきい　おおきい　おおきい　マスクした
コンコン　コンコン

♪ クシャン

歌って楽しむペープサート

7.

「かぱ」を下げ、「ぞう」(表)を出し、動かしながら、

♪
ぞうさんが マスクした
ながい ながい ながい ながい マスクした
コンコン コンコン

「ぞう」をクルリと裏がえし、

♪ クシャン

8.

りすさんのマスクはどんなだった？

「ぞう」を下げ、それぞれの動物のマスクがどんなマスクだったか、子どもたちにクイズを出す。

いろいろなマスクがありましたね。では、ここでクイズです。
りすさんのマスクは、どんなマスクだったかな？

あれ～～??

小さい小さいマスクだったね！

りすさんのマスクは小さい小さいマスクでした！
じゃあ、つるさんのマスクは？

子どもたちの反応を受けて、次々にクイズを出していく。

子どももできる

似顔絵＆好きな形のマスクを描こう

1. 画用紙を半分に切り、片方に自分の似顔絵とともに、口の部分に好きな形のマスクを描きます。もう片方には、マスクが外れた絵を描き、ペープサートを作ります。

2. ひとりずつ、自分が作ったペープサートを持って前に出てもらい、保育者は、どんなマスクを作ったか聞きます。歌の「♪りすさんが」のところを子どもの名前に変え、「♪ちいさい ちいさい」のところは、子どもが作ったマスクの形に合わせて、みんなで替え歌を歌います。その子どもには、替え歌に合わせてペープサートを動かしてもらいます。

ハートのマスクだよ！

コンコンクシャンのうた

作詞：香山美子／作曲：湯山 昭

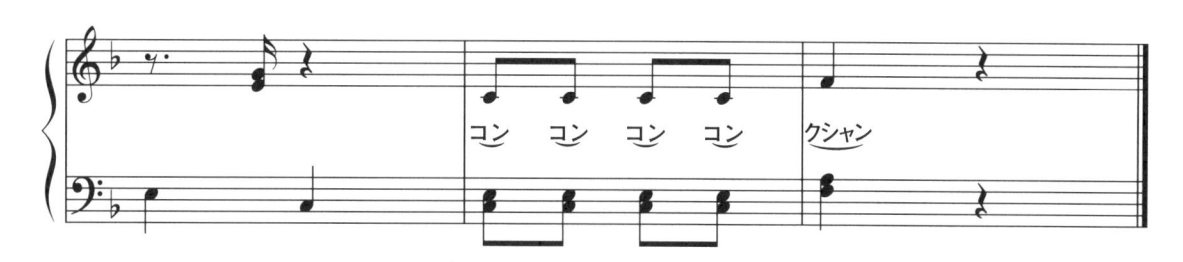

1. りすさんがマスクした ちいさいマスクだ いいきもち
2. つるさんがマスクした ちょっとささえる いいきもち
3. ぶたさんがマスクした ささえるきもち いいきもち
4. かばさんがマスクした ささえるきもち いいきもち
5. ぞうさんがマスクした ささえるきもち いいきもち

マスクした

コン コン コン コン クシャン

sings and enjoys
歌って楽しむペープサート⑤
まあるいたまご

POINT

たまごのひびが割れて、中からひよこが出てくる、しかけのあるペープサートです。ひよこ以外にも、小さなたまごからアリ、大きなたまごからかいじゅう、黒いたまごからヘビなど、さまざまなたまごで、ペープサートを楽しみます。

☆用意するもの　型紙はP.84-85

- ひよこのたまご（表）（裏）
- ひよこ 
- アリのたまご（表）（裏）
- アリ 
- かいじゅうのたまご（表）（裏）
- かいじゅう 
- ヘビのたまご（表）（裏）
- ヘビ

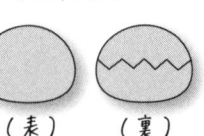

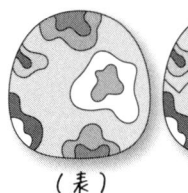

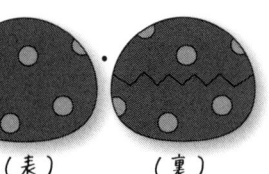

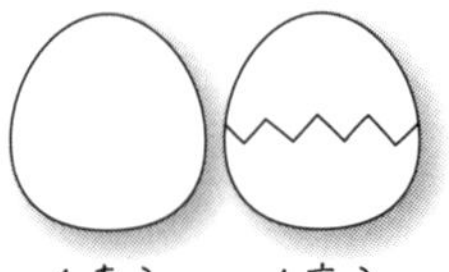

☆たまごの作りかた

【用意するもの】厚紙、はさみ・カッターなど、千枚通し、割りばし、ガムテープ、輪ゴム、ホチキスなど

❶ 型紙の各「たまご」（表）、（裏）を拡大コピーして切り取り、厚紙に貼って切り取ります。

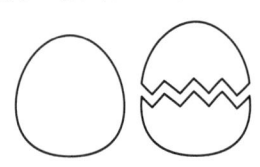

❷ 「たまご」（裏）のひび割れた上の部分と「たまご（表）」を重ね、左の重なる部分に、千枚通しで穴を開けます。

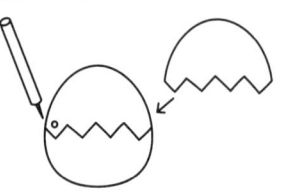

❸ ❷のひび割れたたまごを一度外し、「たまご」（表）の中側にくる方に、ガムテープで割りばしをつけます。

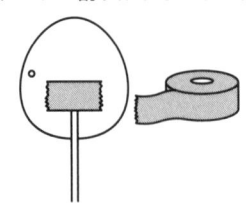

❹ 「たまご」（裏）のひび割れた上の部分を重ね、❷で穴を開けた部分に輪ゴムを絵のように通し、先を割りばしに引っかけます。

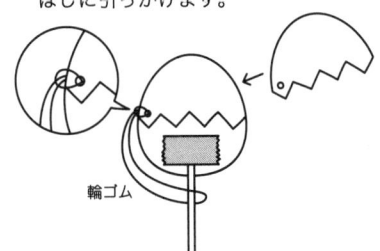

輪ゴム

❺ 「たまご」（裏）のひび割れた下の部分を「たまご」（表）に重ね、下の方をホチキスでとめます。

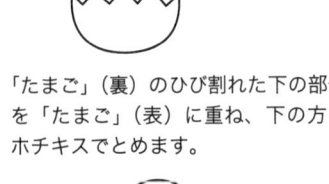

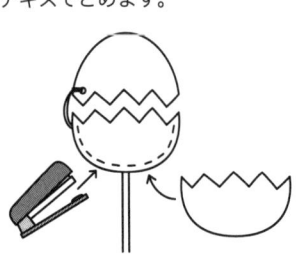

❻ 「たまご」（表）と「たまご」（裏）の間に、ひよこを入れます。

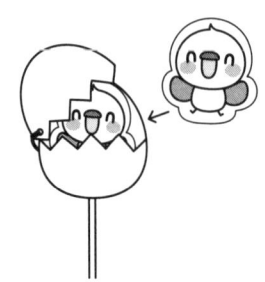

※アリ、かいじゅう、ヘビのたまごも、同様に作ります。

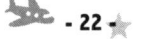

sings and enjoys
まあるいたまご

★あそびかた

1.

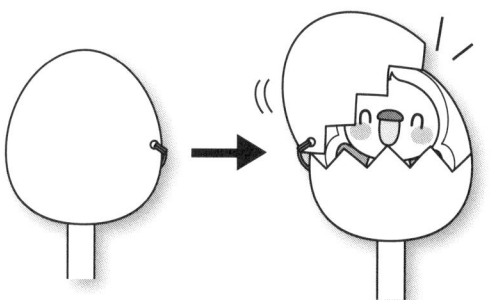

「ひよこのたまご」（表）を見せ、
これは、何のたまごだと思う？

子どもの反応を受けて、
じゃあ、「♪まあるいたまご」の歌を歌ってみましょう。
何のたまごかわかるよ。

「♪パチンとわれて」で、「ひよこのたまご」を裏がえし、ひびを開く。

なんだろう？？

♪ **まあるい たまごが パチンと われて**

2.

中から「ひよこ」を取り出し、動かす。

♪ **なかから ひよこが ピヨピヨピヨ**
　まあ かわいい ピヨピヨピヨ

ひよこの
たまごでした〜〜

3.

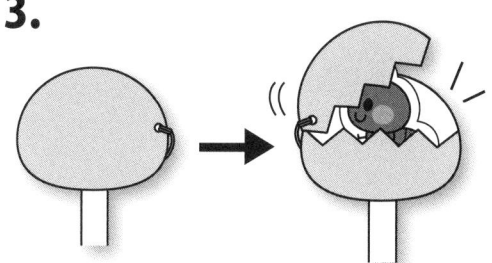

「ひよこのたまご」と「ひよこ」を下げて、
「アリのたまご」（表）を見せ、

じゃあこれは、何のたまごだと思う？

「まあるいたまご」の2番（替え歌）を歌う。
「♪パチンとわれて」で、「アリのたまご」を
裏がえし、ひびを開く。

ちいさいから…
え〜っと…

♪ **ちっちゃな たまごが パチンと われて**

4.

中から「アリ」を取り出し、動かす。

♪ **なかから アリさんが チョロチョロチョロ**
　まあ ちっちゃい チョロチョロチョロ

アリさんの
たまごだよ！

歌って楽しむペープサート

5.

「アリのたまご」と「アリ」を下げて、
「かいじゅうのたまご」（表）を見せ、

じゃあこれは、何かな？　ずいぶん大きいね〜。

「まあるいたまご」の3番（替え歌）を歌う。
「♪**ドカンとわれて**」で、「かいじゅうのたまご」
を裏がえし、ひびを開く。

おっきいな〜
なんだろ？？

♪　**おおきな　たまごが　ドカンと　われて**

6.

中から「かいじゅう」を取り出し、動かす。

♪　**なかから　かいじゅうが　ガオガオガオ
まあ　つよい　ガオガオガオ**

かいじゅうの
たまごは大きいんだね！

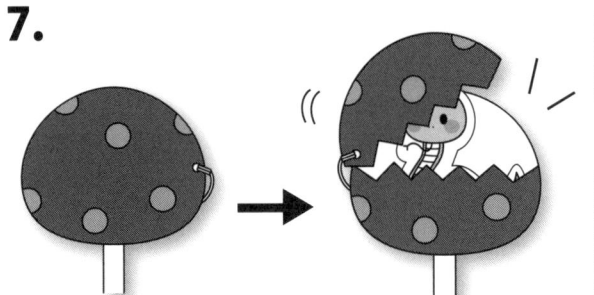

7.

「かいじゅうのたまご」と「かいじゅう」を下げて、
「ヘビのたまご」（表）を見せ、

じゃあ、これは何だろう？　なんだか黒くて怖いね〜。

「まあるいたまご」の4番（替え歌）を歌う。
「♪**ブシュッとわれて**」で、「ヘビのたまご」
を裏がえし、ひびを開く。

なんだろ・・・

♪　**くろい　たまごが　ブシュッと　われて**

8.

中から「ヘビ」を取り出し、動かす。

♪　**なかから　ヘビが　ニョロニョロニョロ
まあ　こわい　ニョロニョロニョロ**

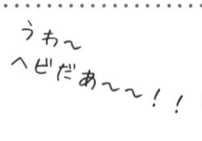

うわ〜
ヘビだぁ〜〜！！

まあるいたまご

作詞／作曲：不詳

1. まあるいたまごが パチンとわれて なかからひよこが よちよちピヨピヨピヨ かわいいな ピヨピヨピヨ
2. ちっちゃなたまごが パチンとわれて なかからアカちゃん よちよちチョロチョロチョロ ままま あ あ あ チョロチョロチョロ
3. おおきなたまごが ドカンとわれて なかからじゅうが ガオガオガオ あつい よ ガオガオガオ
4. くろいたまごが パシュッとわれて なかからヘビが ニョロニョロニョロ いいーこわい ニョロニョロニョロ

※2〜4番は替え歌です。

sings and enjoys

歌って楽しむペープサート⑥

山の音楽家

子どももできる

POINT
歌に登場する動物たちが、いろいろな楽器を演奏するペープサートです。歌詞の擬音の部分は、ペープサートを大きく動かして、歌を盛り上げましょう。
また、子どもたちにも、歌の中の好きな動物のペープサートを作ってもらい、みんなで合奏をするような気分で楽しみましょう。

☆用意するもの　型紙はP.85-86　【背景-山（型紙P.109）】　舞台

- こりす（表）（裏）
- うさぎ（表）（裏）
- ことり（表）（裏）
- たぬき（表）（裏）

☆あそびかた

1. 今日は、山の動物たちがいろいろな楽器を演奏するみたいですよ。どんな動物たちが、どんな楽器を演奏するのでしょうね。では、「♪山の音楽家」の歌を歌ってみましょう。

「こりす」（表）を出し、♩のリズムで動かしながら、

♪
わたしゃ　おんがくか　やまの　こりす
じょうずに　バイオリン　ひいてみましょう

「こりす」をクルリと裏がえし、♩のリズムで大きく動かしながら、

♪
キュキュ　キュキュキュ　キュキュ　キュキュキュ
キュキュ　キュキュキュ　キュキュ　キュキュキュ
いかがです

2.

「こりす」(裏)を下手に立て、「うさぎ」(表)を出し、♩のリズムで動かしながら、

♪ わたしゃ おんがくか やまの うさぎ
　 じょうずに ピアノを ひいてみましょう

「うさぎ」をクルリと裏がえし、♩のリズムで大きく動かしながら、

♪ ポポ ポロンポロンポロン ポポ ポロンポロンポロン
　 ポポ ポロンポロンポロン ポポ ポロンポロンポロン
　 いかがです

3.

「うさぎ」(裏)を「こりす」の横に立て、「ことり」(表)を出し、♩のリズムで動かしながら、

♪ わたしゃ おんがくか やまの ことり
　 じょうずに フルート ふいてみましょう

「ことり」をクルリと裏がえし、♩のリズムで大きく動かしながら、

♪ ピピ ピピピ ピピ ピピピ
　 ピピ ピピピ ピピ ピピピ
　 いかがです

4.

「ことり」(裏)を「うさぎ」の横に立て、「たぬき」(表)を出し、♩のリズムで動かしながら、

♪ わたしゃ おんがくか やまの たぬき
　 じょうずに たいこを たたいてみましょう

「たぬき」をクルリと裏がえし、♩のリズムで大きく動かしながら、

♪ ポコ ポンポコポン ポコ ポンポコポン
　 ポコ ポンポコポン ポコ ポンポコポン
　 いかがです

sings and enjoys
山の音楽家

歌って楽しむペープサート

5.

右手で「こりす」(裏)と「うさぎ」(裏)、左手で「ことり」(裏)と「たぬき」(裏)を(もしくは保育者複数で)持ち、♩のリズムで大きく動かしながら、

ぼくたちゃ　おんがくか　やまの　なかま
じょうずに　そろえて　ひいてみましょう
タタ　タンタンタン　タタ　タンタンタン
タタ　タンタンタン　タタ　タンタンタン　いかがです

こりすさんやうさぎさん、ことりさん、たぬきさんたちがいろいろな楽器を演奏して、みんなとっても楽しそうでしたね。

子どももできる

合奏気分で楽しもう

1. 「山の音楽家」の動物の中から、子どもたちにそれぞれひとつだけ好きな動物を選んでもらい、型紙を使って、その動物(表・裏)を好きな色でぬり、ペープサートを作ります。

2. みんなで歌を歌い、自分が選んだ動物の部分では、歌詞に合わせてペープサートを動かします。また、歌の5番では、全員でペープサートを動かします。

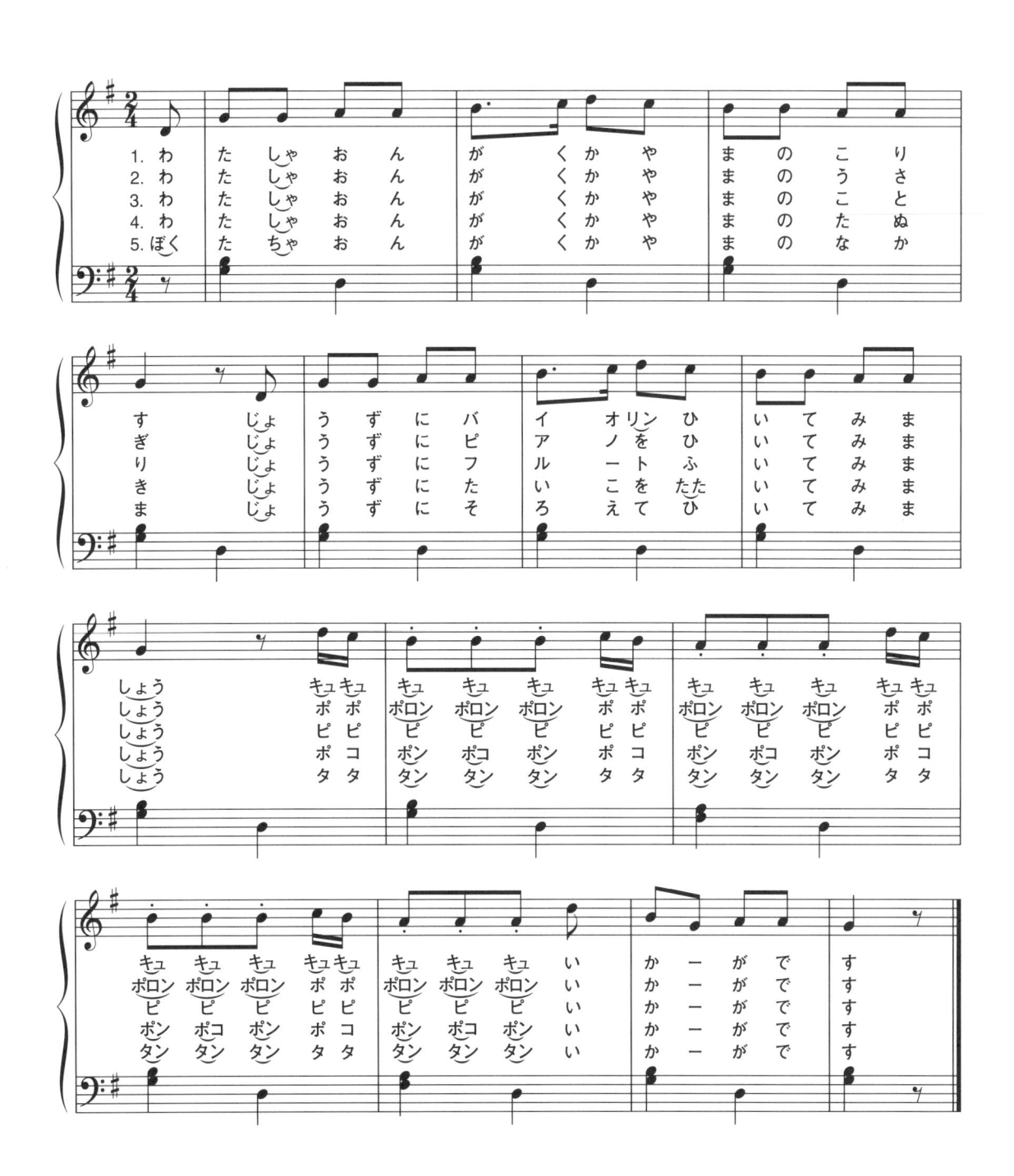

山の音楽家

訳詞：水田詩仙／ドイツ民謡

1. わたしゃおんがくか やまのこりす
2. わたしゃおんがくか やまのうさぎ
3. わたしゃおんがくか やまのことり
4. わたしゃおんがくか やまのたぬき
5. ぼくたちおんがくか やまのなかま

じょうずにきます バイオリン
じょうずにうちます ピアノ
じょうずにふきます フルート
じょうずにたたきます たいこ
いかがです みごとなてなみ

しょう しょう しょう しょう しょう
キュポロンピポンタン キュポピコポタ キュポロンピポンタン キュポピコポタ キュポロンピポンタン キュポピコポタ キュポロンピポンタン キュポピコポタ

キュポロンピポンタン キュポピコポタ キュポロンピポンタン キュポピコポタ いかがで ー ー ー す

sings and enjoys
歌って楽しむペープサート⑦
あめふりくまのこ

POINT

「♪あめふりくまのこ」の歌詞に合わせて、「くまのこ」を元気よく登場させたり、小川をのぞき込む場面では、ユーモラスに動かして、歌の楽しさを盛り上げましょう。最後は、「葉っぱ」を「くまのこ」の頭にかぶせます。

☆用意するもの　型紙は P.87-88　【背景－ステージ幕（型紙 P.109）】　◎舞台

◎くまのこ（表）（裏）　◎雨　◎葉っぱ　◎小川　◎山

☆あそびかた

1.

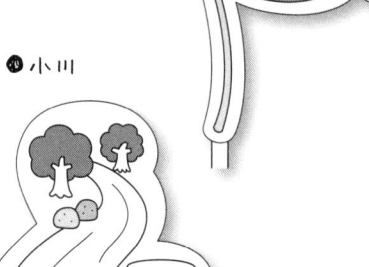

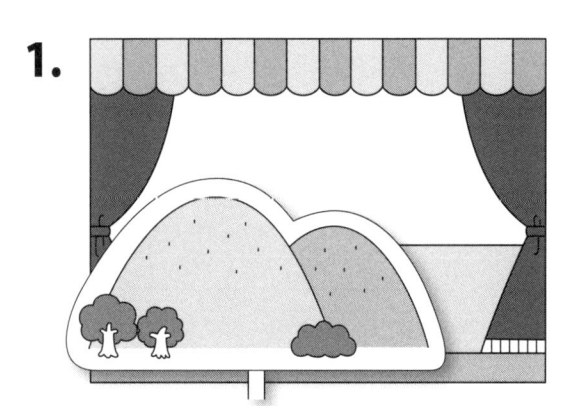

下手に「山」を立てておく。

ここに山があります。
今日の山のお天気は、何だと思う？

天気はどうだろう？？

sings and enjoys
あめふりくまのこ

歌って楽しむペープサート

2.

子どもたちの反応を受けて、「雨」を「山」の上にくるように、立てる。

今日の山のお天気は、雨でした。
雨が降っている山に、いたずらな、くまのこがやって来るみたいですよ。じゃあ、みんなで「♪あめふりくまのこ」の歌を歌ってみましょう。

♪
　おやまにあめが　ふりました
　あとからあとから　ふってきて

3.

「山」の横に「小川」を立てる。

♪
　ちょろちょろ　おがわができました

4.

「くまのこ」（表）を上手から登場させ、歌に合わせて下手方向に動かす。

♪
　いたずらくまのこ　かけてきて

5.

「小川」をのぞき込むように、「くまのこ」（表）を動かす。

♪
　そうっと　のぞいて　みてました
　さかなが　いるかと　みてました

6.

「くまのこ」を裏がえし、歌に合わせて「小川」から水をすくって飲むように動かす。

♪
なんにもいないと　くまのこは
おみずを　ひとくち　のみました
おててで　すくって　のみました

7.

「くまのこ」を表にし、「小川」をのぞき込むように動かす。

♪
それでも　どこかに　いるようで
もいちど　のぞいて　みてました
さかなを　まちまち　みてました

8.

「くまのこ」（表）を立て、「葉っぱ」を「くまのこ」の上にくるように持つ。

♪
なかなか　やまない　あめでした
かさでも　かぶっていましょうと
あたまに　はっぱを　のせました

雨がなかなかやまないので、くまのこは、葉っぱを傘の代わりに頭に乗せたのですね。

よかったね！

あめふりくまのこ

作詞：鶴見正夫／作曲：湯山 昭

1. おやまに あめが ふりました あとから あとから ふってきて ちょろちょろ おがわが できました

2. いたずら くまのこ かけてきて そうっと のぞいて みてました さかなが いるかと みてました

3. なんにも いないと くまのこは おみずを ひとくち のみました まてまて いそいで かえりましょ

4. おそらの あめは あがっても あたまに ちょんびり のっけてさ いそいで かえりましょ

5. なかよく かえりましょ

masterpiece is enjoyed
名作を楽しむペープサート①
うさぎとかめ

POINT

イソップ物語「うさぎとかめ」のお話です。
足が速いうさぎは、ペープサートをテンポよく動かし、足が遅いかめは、ゆったりと動かして、変化をつけましょう。また、それぞれのセリフは声色を変え、うさぎは少し早口で、またかめはゆったりとした話し方で演じるといいでしょう。

☆用意するもの　型紙は P.88-90　【背景-野原（型紙 P.108）】　◎舞台

- ◎うさぎ1 （表）（裏）
- ◎かめ1 （表）（裏）
- ◎岩
- ◎池
- ◎うさぎ2 （表）（裏）
- ◎かめ2 （表）（裏）
- ◎丸太
- ◎木
- ◎山

☆あそびかた

1.

「うさぎ1」（表）と「かめ1」（表）を持ち、

うさぎさんは、とってもはや足。かけっこが得意です。
でも、かめさんはゆ〜っくり。
うさぎさんが、かめさんに言いました。

🐰「いくらきみががんばっても、ぼくには勝てないね。」

するとかめさんは、

🐢「そんなことないよ。ぼくだってがんばれば・・・。」

masterpiece is enjoyed
うさぎとかめ

2.

そこでふたりは、向こうの山の頂上まで、かけっこをすることにしました。どちらが勝つのでしょう。よーい、ドン！

> 「かめ1」（表）と「うさぎ1」（表）を持ち変えて、「かめ1」を裏がえし、「うさぎ1」（表）を上手方向に動かす。「かめ1」（裏）は「うさぎ1」（表）から遠のくように、下手方向に動かす。

うさぎさんは、ピョンピョンかけ出しました。

「ぼくが勝つに決まってるさ！」

3.

> 「かめ1」を下げ、「岩」を持つ。

ピョンピョン走って、岩も楽々跳び越えて、

> 「うさぎ1」（表）が「岩」を跳び越える。

らくらく〜〜

4.

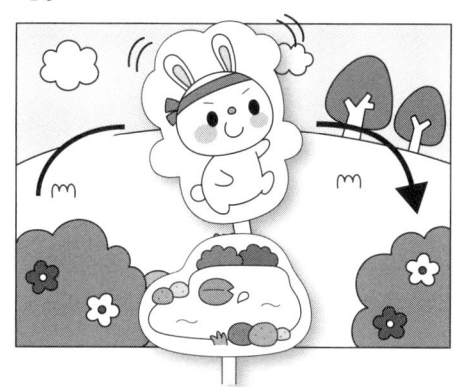

> 「岩」を下げ、「池」を持つ。

池もピョーンと跳び越えて、

> 「うさぎ1」（表）が「池」を跳び越える。

ピョ〜ン！

5.

> 「池」を下げ、「丸太」を持つ。

倒れた木だって、エイッとひとっ跳び。

> 「うさぎ1」（表）が「丸太」を跳び越える。

エイッ！

名作を楽しむペープサート

6.

> 「丸太」を下げ、上手に「木」を立てる。

うさぎさんは、岩も池も倒れた木も楽々跳び越えて、
かめさんをずいぶん引き離しました。

🐰「ここまで来れば、もう大丈夫だな。
　　よし、じゃあ、この木の下でひと眠りしよう。グーグー・・・。」

> 「うさぎ1」を下げ、「うさぎ2」（表）を「木」の横に立てる。

あらあら、うさぎさんは寝てしまいましたね。

7.

その頃、かめさんはとってもゆっくりだけど、
がんばって進んでいました。

> 「かめ1」（裏）を持ち、上手方向にゆっくり動かす。

🐢「よいしょ、よいしょ・・・。」

> 「かめ1」（裏）を上手方向にゆっくり動かし、
> 寝ている「うさぎ2」（表）に近づける。

木のところまで来ると、うさぎさんを見つけました。

🐢「あれっ、うさぎさんが寝てるぞ。」

8.

そしてかめさんは、その後も休まずに、
一生懸命進んで行きました。

> 「うさぎ2」（表）や「木」の後ろを通り、「かめ1」（裏）を上手方向に動かす。

🐢「よいしょ、よいしょ・・・。」

> 「うさぎ2」（表）、「木」を抜いて、
> 下手に移動して立てる。

おやおや〜？？

9.

上手に「山」を立てる。

かめさんは、目指す山に近づいてきました。

「かめ1」(裏)を「山」に近づける。

「よいしょ、よいしょ・・・。」

そして、ついに山の頂上にたどり着きました。

「かめ1」を下げ、「かめ2」(表)を出し、山の頂上部分で動かし、「山」の横に立てる。

「やった〜！ うさぎさんより先に着いた！ ぼくが一番だ！」

10.

うさぎさんは、かめさんが喜ぶ声を聞いて、目を覚ましました。

「むにゃむにゃ、ふぁー・・・。」

「うさぎ2」を下げ、「うさぎ1」(裏)を持って動かし、

「あっ、しまった！ すっかり寝過ごしちゃって、かめさんに負けちゃった！」

うさぎさんは、慌ててとび起きて、かめさんのところへ走って行きました。

「うさぎ1」(裏)を動かして、「かめ2」(表)に近づける。

11.

「うさぎ1」を下げ、「うさぎ2」(裏)を出して、動かし、

「かめさんの勝ちだね。さっきは、自慢しちゃってごめんね。」

「かめ2」を抜き、裏がえして動かし、

「ううん、いいんだよ。」

そう言うと、うさぎさんとかめさんは仲直りして、それからは、とっても仲良しになったそうですよ。

masterpiece is enjoyed
名作を楽しむペープサート②
マッチ売りの少女

POINT

アンデルセン物語「マッチ売りの少女」のお話です。
少女がマッチに火をつける場面では、クルリとタイミングよくペープサートを裏がえしましょう。
また、おばあちゃんに抱かれて天国に行く場面では、ペープサートを高く上に上げて、天に昇っていく様子を表現しましょう。

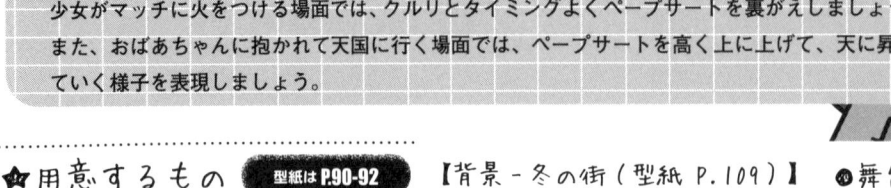

☆用意するもの　型紙はP.90-92　【背景－冬の街(型紙P.109)】　舞台

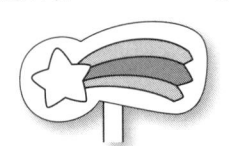

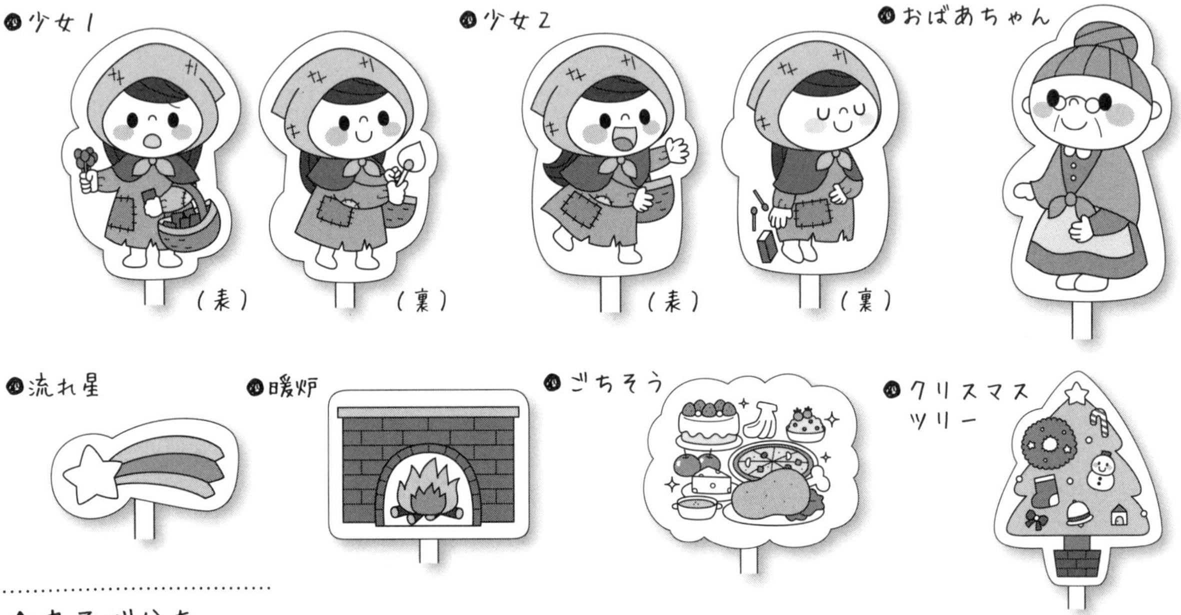

少女1　（表）（裏）　少女2　（表）（裏）　おばあちゃん

流れ星　暖炉　ごちそう　クリスマスツリー

☆あそびかた

1.

ある年の大みそかのことです。
街には雪が降り、冷たい風が吹いていました。
その寒い街の中で、ひとりの貧しい女の子がマッチを売っていました。

「少女1」(表)を上手から出して動かし、

「マッチはいりませんか？
誰かマッチを買ってください！」

でも、誰もマッチを買ってくれません。
明日はお正月だというのに、きれいな洋服どころか、
パンひとつ買うお金もないのです。お腹もペコペコでした。

- 38 -

masterpiece is enjoyed
マッチ売りの少女

2.

「寒いなあ。困ったなあ・・・。
　そうだ、マッチを１本だけ、すってみよう。」

「少女１」をクルリと裏がえす。

少女はそう言うと、マッチを１本シュッとすりました。
すると、マッチの火の向こうに、暖かな暖炉が見えました。

「暖炉」を出す。

3.

でも、少女が手を伸ばそうとすると、マッチの火が消え、
暖炉も消えてしまいました。

「暖炉」を下げ、「少女１」を表にする。

「ああ・・・。」

4.

「もう１本だけ、すってみよう。」

「少女１」をクルリと裏がえす。

少女は、もう１本マッチをすりました。
すると、マッチの火の向こうに、おいしそうなごちそうが
見えました。

「ごちそう」を出す。

5.

でも、少女が手を伸ばそうとすると、マッチの火が消え、ごちそうも消えてしまいました。

「ごちそう」を下げ、「少女1」を表にする。

「ああ・・・。」

少女は、またため息をつきました。

6.

そして、夢中でもう1本マッチをすりました。

「少女1」をクルリと裏がえす。

すると今度は、マッチの火の向こうに、とてもきれいなクリスマスツリーが見えました。
少女が幸せだった頃に見た、あのツリーだったのです。

「クリスマスツリー」を出す。

7.

でも、少女が手を伸ばそうとすると、マッチの火が消え、クリスマスツリーも消えてしまいました。

「クリスマスツリー」を下げ、「少女1」を表にする。

そのとき、星がひとつが流れていきました。

「流れ星」を出し、流れていくように高く上げて下ろす。

「あっ、流れ星。きっと誰かが死ぬのね。」

星が流れると人が死ぬと、昔天国に行った、おばあちゃんが教えてくれたのでした。

8.

雪が激しくなってきました。少女は、急いでもう1本、マッチをすりました。

「少女1」をクルリと裏がえす。

すると今度は、マッチの火の向こうに、大好きだったおばあちゃんが見えました。

「おばあちゃん」を出す。

「あ、おばあちゃん！ 待って！ 消えないで！」

少女は、その火が消える前に、ありったけのマッチをすりました。

9.

すると、大きな火がつきました。
おばあちゃんは、優しそうに微笑んでいます。
そして、少女に手招きしました。

「おいで。」

「おばあちゃ～ん！」

「少女1」を下げ、「少女2」（表）を出し、「おばあちゃん」にくっつける。

少女はおばあちゃんの胸の中に飛び込みました。
おばあちゃんは、少女をしっかり抱きしめてくれました。
そして、ふたりは抱き合ったまま、空高く昇っていきました。

「少女2」（表）と「おばあちゃん」を上に上げていく。

10.

「少女2」と「おばあちゃん」を一度下げ、「少女2」（裏）を寝かせるように持つ。

街にお正月がやってきました。
少女は、ばったり倒れたまま、息をしていませんでした。
でも、少女の顔は、ちっとも悲しそうではありません。
幸せそうに、おだやかに微笑んでいる顔でした。

masterpiece is enjoyed

名作を楽しむペープサート③

アリとキリギリス

> **POINT**
> イソップ物語「アリとキリギリス」のお話です。
> キリギリスのセリフは、夏は陽気で楽しそうに、また冬は元気なさそうに、変化をつけて話すと、おもしろいでしょう。アリの家は、子どもたちにわかりやすいように、地中の巣のイメージではなく、土壁の家の絵を用いています。

✿用意するもの   型紙はP.92-93

【背景－夏の景色、冬の景色（型紙P.110）】 ●舞台

● キリギリス　　　● アリ　　　● アリの家

（表）　（裏）　（表）　（裏）

✿あそびかた

1.

> 背景に「夏の景色」を出しておく。

太陽がギラギラと輝く夏のある日のことです。
キリギリスさんが、楽しそうに歌いながらやって来ました。

> 「キリギリス」（表）を下手から出し、大きく動かす。

🎵「ラララララ・・・。
　夏は太陽が輝いて、お花もきれいだし、
　心がウキウキしてくるね。最高だね！」

2.

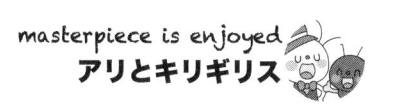

そこへ、アリさんがやって来ました。
一生懸命、働いているようですよ。

「アリ」（表）を上手から出し、「キリギリス」（表）の方向に動かす。

🐜「よいしょ、よいしょ・・・。」

「キリギリス」（表）を「アリ」（表）に近づける。

🦗「やあ、アリさん、こんにちは。
　いったい、何をしているんだい？」

🐜「冬にそなえて、食べ物を集めているんだよ。」

🦗「今から冬の心配をしているの？
　それよりも、ぼくと一緒に遊ぼうよ。」

3.

🐜「だって、冬になったら食べ物がなくなっちゃうから、
　今のうちに集めておかなくちゃ。
　だから、キリギリスさんとは遊んでいられないんだ。」

アリさんは、そう言うと、また食べ物を集めに行ってしまいました。

「アリ」（表）を下手方向に動かし、下げる。

🦗「こんなにいい季節に、働かなくてもいいのに。
　冬になったら、なんとかなるのにさ。」

4.

「キリギリス」を下げ、「夏の景色」を「冬の景色」に変え、「アリの家」を下手に立てる。

やがて夏が終わり、秋も過ぎて、寒い冬がやってきました。

「キリギリス」（裏）を、上手から出し、フラフラさせるように動かす。

🦗「ブルブル・・・。ああ、なんて寒いんだ。
　お腹も空いちゃったけど、何にも食べるものが
　なくて、倒れそうだ。あ～あ・・・。」

「キリギリス」（裏）を、寝かせるように横に倒す。

キリギリスさんは、そう言うと、フラフラと倒れてしまいました。

5.

すると、アリさんが家の中から出て来ました。

> 「アリ」（裏）を家の後ろから出し、動かしながら
> 「キリギリス」（裏）に近づける。

「あれ、キリギリスさん、どうしたの？」

「お腹が空いちゃって、立てないんだ。
アリさん、何か食べ物を分けてくれないかな？」

「キリギリスさんは、夏の間に働かないで、遊んでばかり
いたからね。キリギリスさんも、夏に一生懸命働いて、
食べ物を集めておけばよかったんだよ。」

6.

アリさんは、そう言うと、キリギリスさんを起こしてあげました。

> 「アリ」（裏）を「キリギリス」（裏）に近づけ、
> 「キリギリス」を起こす。

「ごめんなさい。今度から、ちゃんと働くよ。」

キリギリスさんは、反省してそう言いました。

7.

「よし、じゃあ、お家に入って、一緒に食事をしよう。」

> 嬉しさを表現するように、「キリギリス」を表にして
> 大きく動かしながら、

「やったー！ アリさん、ありがとう！」

そう言うと、ふたりは、アリさんのお家に入って行き、
一緒に食事をしました。

> 「アリ」（裏）と「キリギリス」（表）を動かしながら、
> 「アリの家」の後ろから下げる。

それからというもの、キリギリスさんは、春までアリさんの
お家で一緒に過ごして、その後は一生懸命働くようになった
そうですよ。

masterpiece is enjoyed
名作を楽しむペープサート④
金太郎

POINT

日本の昔話「金太郎」をペープサートで演じます。
足柄山の場面や都の場面など、途中で場面が変わります。なお、金太郎が山の動物たちと相撲を取ったり、鬼と戦うところでは、テンポよくペープサートを動かしましょう。

☆用意するもの　型紙はP.93-94　【背景－足柄山、都（型紙P.110-111）】　◎舞台

◎金太郎（表）（裏） 　◎鬼（表）（裏）

◎さる　◎きつね 　◎うさぎ 　◎くま 　◎お殿様

☆あそびかた

1.

背景に「足柄山」を出しておく。

昔々、足柄山という山に、金太郎という、とても力持ちで元気な男の子がいました。

「金太郎」（表）を出し、動かす。

「今日も元気もりもりだ！」

金太郎は、山の動物たちと仲良しで、いつもみんなと相撲を取って遊んでいました。今日も、仲間がやって来たみたいですよ。

2.

下手から「さる」を出す。

「やあ金太郎、今日も遊びに来たよ。」

「よし、じゃあ今日も相撲を取って遊ぼう。」

そう言うと、ふたりは相撲を取りはじめました。
はっけよーい、のこった！

「金太郎」を裏がえし、「さる」をくっつけ、相撲を取るように、動かす。

のこった、のこった〜

3.

「えいっ！」

投げ飛ばされるように、大きく弧を描くように「さる」を動かし、横に倒す。

ポーン！ さるは投げ飛ばされました！

「金太郎」を表にし、「さる」を起こして、

「金太郎は、やっぱり強いなあ。」

強〜〜い！

4.

そこへ、うさぎときつねがやって来ました。

「さる」を立て、「うさぎ」と「きつね」を右手で一緒に持って、下手から出す。

「やあ金太郎、ぼくたちも仲間に入れて！」

「もちろん、いいとも！」

masterpiece is enjoyed
金太郎

5.

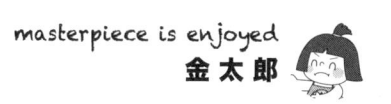

「じゃあ、みんなで相撲を取ろう。うさぎさんときつねさんのふたり対ぼくひとりで対決だ。」

金太郎がそう言うと、3人は相撲を取りました。
はっけよーい、のこった！

> 「金太郎」を裏がえし、「うさぎ」「きつね」をくっつけ、相撲を取るように、動かす。

のこった、のこった！

6.

「えいっ！えいっ！」

> 投げ飛ばされるように、大きく弧を描くように「うさぎ」「きつね」を動かし、横に倒す。

ポーン！ うさぎときつねは投げ飛ばされました！

> 「金太郎」を表にし、「うさぎ」「きつね」を起こして、

「金太郎は、やっぱり強いや。」

7.

おやおや〜？？

そこへ、暴れん坊のくまがやって来ました。

> 「うさぎ」「金太郎」(表)を「さる」の横に立て、「くま」を持って、下手から出して動かし、

「こらー！ おれ様の山で何をやっているんだ！」

> 「きつね」を動かし、

「きゃー！ 暴れん坊のくまだ！ ど、どうしよう・・。」

名作を楽しむペープサート

8.

「きつね」を立て、「金太郎」を抜いて裏がえし、

「ここは、みんなの山だぞ！」

「なんだと、なまいきな！
　おまえなんか、投げ飛ばしてやる！」

くまはそう言うと、金太郎に襲いかかりました。

「金太郎」（裏）と「くま」をくっつけ、戦っているように動かす。

9.

「えいっ！」

投げ飛ばされるように、大きく弧を描きながら「くま」を動かし、横に倒す。

ポーン！ くまは投げ飛ばされました！

「くま」を起こして、

「いててて・・。なんて強いんだ。」

「どうだ、参ったか。」

「参りました。ごめんなさい！」

10.

「くま」をきつねの横に立て、「金太郎」を表にする。

くまは、すっかり反省したようですね。
その様子を、都のお殿様が見ていました。

「お殿様」を下手から出す。

「きみが、金太郎だね。うわさには聞いておったが、
　くまを倒すほど強いとは。実は、きみに相談があって、
　都からやって来た。
　都では、鬼が好き放題暴れていて、みんなが困っておる。
　そこで、鬼退治に来てもらえないだろうか。」

「ぼくでよければ、喜んで行きます！」

そして、金太郎は都へ鬼退治に行くことになりました。

11.

「金太郎」「さる」「うさぎ」「きつね」「くま」「お殿様」を下げ、背景を「足柄山」から「都」に変える。

都では、鬼が暴れて人々を困らせていました。

「鬼」(表)を下手から出して動かし、

👹「ほーら、もっと小判をよこせ！
何か、ごちそうはないのかー！」

「金太郎」(裏)を上手から出し、

🧒「おまえにやるものなど、何もない！」

👹「なんだ、小僧！ なまいきな！」

12.

🧒「こらしめてやる！」

「金太郎」(裏)と「鬼」(表)をくっつけ、戦っているように、動かす。

🧒「えいっ！」　投げ飛ばされるように、大きく弧を描きながら「鬼」を動かし、横に倒す。

ポーン！ 鬼は投げ飛ばされました！

👹「いててて・・。なんて強いんだ。」

🧒「もう、悪いことはしないか！」

👹「ごめんなさい！ もうしません！」

13.

鬼は、そう言うと、岩山に逃げ帰って行きました。

「鬼」を裏がえして下手に動かし、下げる。

それからというもの、鬼は二度と都を荒らすことはなくなり、人々は平和に暮らすことができたそうですよ。
そして、金太郎は誰よりも強い、立派なお侍さんになったそうです。

めでたし、めでたし！

masterpiece is enjoyed
名作を楽しむペープサート⑤

ブレーメンの音楽隊

POINT

グリム童話「ブレーメンの音楽隊」のお話です。
登場人物のロバ、イヌ、ネコ、ニワトリはそれぞれ声色を変えて、表情豊かに演じましょう。
なお、どろぼうの家は、窓からどろぼうのペープサートが見えるしかけになっています。

☆用意するもの　型紙は P.95-96　【背景－野原、森（型紙 P.108）】　◎舞台

◎ロバ　　　　　　　　　　　◎ネコ　　　　　　　　◎ニワトリ
（表）　（裏）　　　　　　　（表）　（裏）　　　　（表）

　　　　　　　　　　　　　　◎どろぼう　　　　　　　　　（裏）

◎イヌ
（表）　（裏）　　　　　　　（表）　（裏）　　　　◎どろぼうの家

☆あそびかた

1.

背景を「野原」にし、「ロバ」（表）を出して動かし、

あるところに、元気のないロバがいました。

「年をとって荷物を運べなくなったから、
お払い箱なんて、ひどいよ。
これからどうしよう・・・。」

ロバは、どうやら飼い主に捨てられてしまったみたいですね。

masterpiece is enjoyed
ブレーメンの音楽隊

2.

「ロバ」を裏がえし、

「あっ、そうだ！ ブレーメンに行こう！
ブレーメンに行って音楽隊に入ったら、
きっと楽しいぞ！」

ロバは、ブレーメンというところに行って、
音楽隊に入ることにしました。

3.

そこへ、元気のないイヌがやって来ました。

「イヌ」（表）を出して動かし、

「年をとって走れなくなったから、
お払い箱なんて、ひどいよ。
これからどうしよう・・・。」

イヌも、どうやら飼い主に捨てられてしまったみたいですね。

4.

「ロバ」（裏）を「イヌ」（表）に近づけ、

すると、ロバが、しょんぼりしているイヌに近づいて言いました。

「ねえ、もしよかったら、
ぼくと一緒にブレーメンに行かない？」

「ブレーメン？」

「うん。ブレーメンに行って、音楽隊に入るんだ。」

「イヌ」を裏がえし、

「それはいい考えだね！」

名作を楽しむペープサート

5.

ロバとイヌは、一緒にブレーメンに行くことになりました。
そこへ今度は、元気のないネコがやって来ました。

「ロバ」(裏)を下手に立て、片手で「イヌ」(裏)を持ち、
もう片方の手で「ネコ」(表)を出して動かし、

🐱「年をとってねずみを捕れなくなったから、
　お払い箱なんて、ひどいよ。
　これからどうしよう・・・。」

ネコも、どうやら飼い主に捨てられてしまったみたいですね。

6.

「イヌ」(裏)を「ネコ」(表)に近づけ、

すると、イヌが、しょんぼりしているネコに近づいて言いました。

🐶「ねえ、もしよかったら、
　ぼくらと一緒にブレーメンに行かない？」

🐱「ブレーメン？」

🐶「うん。ブレーメンに行って、音楽隊に入るんだ。」

「ネコ」を裏がえし、

🐱「それはいい考えだね！」

7.

そして、ネコも一緒にブレーメンに行くことになりました。
そこへ今度は、元気のないニワトリがやって来ました。

「イヌ」(裏)を「ロバ」(裏)の横に立て、片手で「ネコ」(裏)を持ち、
もう片方の手で「ニワトリ」(表)を出して動かし、

🐔「年をとって卵を産めなくなったから、
　スープにされちゃうなんて、ひどいよ。
　これからどうしよう・・・。」

ニワトリも、どうやら飼い主に捨てられてしまったみたいですね。

masterpiece is enjoyed
ブレーメンの音楽隊

8.

「ネコ」（裏）を「ニワトリ」（表）に近づけ、

すると、ネコが、しょんぼりしているニワトリに近づいて言いました。

🐱「ねえ、もしよかったら、
　ぼくらと一緒にブレーメンに行かない？」

🐔「ブレーメン？」

🐱「うん。ブレーメンに行って、音楽隊に入るんだ。」

「ニワトリ」を裏がえし、

🐔「それはいい考えだね！」

9.

そして、みんなでブレーメンに行くことになりました。

🐴「ブレーメン、ブレーメン、ブレーメンに行こう！」

「ロバ」（裏）、「イヌ」（裏）を抜いて片手で持ち、
もう片方の手で「ネコ」（裏）、「ニワトリ」（裏）を持って、
下手方向に動かしながら下げる。

10.

背景を「野原」から「森」に変える。
「ロバ」「イヌ」「ネコ」「ニワトリ」を全て表にして、
上手から登場させ、下手方向に動かし、

🐶「ブレーメンは、まだ遠いのかな？」

🐱「ずいぶん暗くなってきちゃったね。」

🐔「お腹もペコペコだよ。」

みんなは、ブレーメンを目指して歩き続けて、
疲れ果てたようですね。

「ロバ」「イヌ」「ネコ」「ニワトリ」を一度下げる。
「どろぼうの家」を下手に立て、窓から見えるように、家の後ろに「どろぼう」（表）を立てる。
「ロバ」「イヌ」「ネコ」「ニワトリ」を全て裏にして、「ロバ」「イヌ」を片手で持ち、
もう片方の手で「ネコ」「ニワトリ」を持って、上手方向から出して動かす。

名作を楽しむペープサート

11.

「あれっ、あそこに家が見えるぞ！ 行ってみよう。」

「ロバ」（裏）、「イヌ」（裏）、「ネコ」（裏）、
「ニワトリ」（裏）を「どろぼうの家」に近づける。

「今日も宝石がたくさん盗めたな。
　じゃあ今夜もごちそうをいただくとするか。
　どろぼうはやめられないな。ワッハッハッ。」

「どろぼうだって！ どうしよう・・・。」

「でも、ごちそう食べたいな・・・。」

そして、みんなはいいことを考えました。

12.

「ロバ」（裏）の上に「イヌ」（裏）、その上に
「ネコ」（裏）、「ニワトリ」（裏）を重ねて持つ。

ロバの背中にイヌが乗り、その上にネコが乗り、
さらにその上にニワトリが乗りました。おばけに扮したのです。

「おばけだぞ〜！ 人間はいないか〜。
　人間を食ってやる〜！」

「な、なんだ?! ば、ばけものだ！ ギャーッ！」

「どろぼう」を抜いて裏がえし、下手方向に動かして下げる。

窓の外のおばけを見たどろぼうは、恐ろしくなって、
家を飛び出し、慌ててどこか遠くに逃げて行きました。

13.

「ロバ」（裏）、「イヌ」（裏）を片手で持ち、もう片方の手で
「ネコ」（裏）、「ニワトリ」（裏）を持って動かし、

「大成功！」　　「じゃあ、ごちそうを食べよう！」

全員を動かして、どろぼうの家の後ろに立てる。

そう言うと、みんなは家の中に入り、お腹いっぱいごちそうを
食べました。
そして、みんなはその家がとても気に入って、みんなで楽器を
弾いたり歌を歌ったりしながら、そこでいつまでも幸せに暮ら
したそうですよ。

masterpiece is enjoyed
名作を楽しむペープサート⑥
3匹の子ぶた

> **POINT**
> イギリスの昔話「3匹の子ぶた」のお話です。
> 子ぶたたちが作ったそれぞれの家に、オオカミが息を吹きかけたり、家が吹き飛ばされる場面では、大げさにペープサートを動かして、お話を盛り上げましょう。また、オオカミは悪びれた様子で、声色を変えて演じるとおもしろいでしょう。

☆用意するもの　型紙はP.97-98　【背景－野原（型紙 P.108）】　◎舞台

- ◎1番目の子ぶた（表）（裏） 
- ◎3番目の子ぶた 
- ◎オオカミ1 
- ◎オオカミ2（表）（裏） 
- ◎2番目の子ぶた（表）（裏） 
- ◎わらの家 
- ◎木の家 
- ◎レンガの家

☆あそびかた

1.

「1番目の子ぶた」（表）、「2番目の子ぶた」（表）、「3番目の子ぶた」を立て、

あるところに、3匹の子ぶたの兄弟がいました。
3匹は、それぞれ自分の家を作ることになりました。

「2番目の子ぶた」と「3番目の子ぶた」を下げ、「わらの家」を下手に立てる。

1番目の子ぶたが作った家は・・・。

「1番目の子ぶた」（表）を動かしながら、

「ぼくは、わらの家を作ったよ」

わらの家！

- 55 -

2.

そこへ、恐ろしいオオカミがやって来ました。

「1番目の子ぶた」（表）を「わらの家」の後ろに立て、
「オオカミ1」を上手から出して、わらの家の方に動かす。

🐺 **「子ぶたの家だな。
　　わらの家なんて吹き飛ばして、襲ってやる！ フーッ！」**

「オオカミ1」が「わらの家」を吹き飛ばすように動かし、
「わらの家」は、吹き飛ばされるように動かして下げる。

3.

わらの家はオオカミに吹き飛ばされてしまい、
家の中にいた1番目の子ぶたは、慌てて逃げて行きました。

🐷 **「キャー！」**

「1番目の子ぶた」を裏がえし、動かしながら下手に下げる。

4.

2番目の子ぶたが作った家はどんな家でしょう。

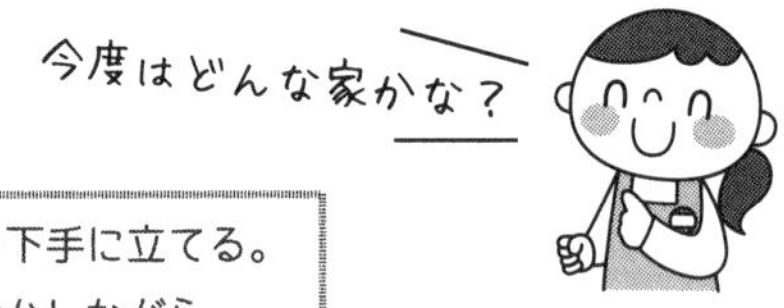

今度はどんな家かな？

「オオカミ1」を下げ、「木の家」を下手に立てる。
「2番目の子ぶた」（表）を出して動かしながら、

🐷 **「できた〜。ぼくは、木の家を作ったよ。」**

5.

そこへ、またオオカミがやって来ました。

「2番目の子ぶた」（表）を「木の家」の後ろに立て、
「オオカミ1」を上手から出して、木の家の方に動かす。

🐺 **「木の家なんて吹き飛ばして、
　　子ぶたを襲ってやる！ フーッ！」**

「オオカミ1」が「木の家」を吹き飛ばすように動かし、
「木の家」は、吹き飛ばされるように動かして下げる。

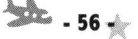

6.

木の家はオオカミに吹き飛ばされてしまい、
家の中にいた2番目の子ぶたは、慌てて逃げて行きました。

「キャー！」

「2番目の子ぶた」を裏がえし、動かしながら下手に下げる。

7.

「オオカミ1」を下げ、「レンガの家」を舞台下手に立てる。

わらの家も、木の家も、オオカミに吹き飛ばされてしまいました。
そして、3番目の子ぶたは、丈夫なレンガの家を作りました。
そこへ、またオオカミがやって来ました。

「オオカミ1」を上手から出して、「レンガの家」に
向かって息を吹きかけるように動かす。

「レンガの家なんて吹き飛ばして、
　子ぶたを襲ってやる！フーッ！」

8.

ところが、いくらオオカミが吹き飛ばそうとしても、
レンガの家は、びくともしません。
くやしくなったオオカミは、煙突から家の中に
入ろうと考えました。

「ちきしょう！こうなったら、
　煙突から家の中に入って、子ぶたを襲ってやる！」

「オオカミ1」を下げ、「オオカミ2」（表）を出して、
煙突から家の中に入るように動かして、下げる。

9.

すると、オオカミは煙突から暖炉に落ちてしまったので、
さあ大変！しっぽに火がついてしまいました。

「あちちちっ！助けてくれ〜！」

オオカミは慌てて森の中へ逃げて行ってしまいました。

「オオカミ2」を裏がえし、慌てるように動かして上手に下げる。
「3番目の子ぶた」を「レンガの家」の後ろから出して、動かす。

「やった〜！」

それ以来、オオカミは二度とやって来ませんでした。そして、
3匹の子ぶたは、レンガの家でいつまでも仲良く暮らしました。

life is enjoyed

生活を楽しむペープサート①

子どももできる

ジャンケンしよう

> **POINT**
> ペープサートの表裏を使って、ジャンケンのグーは石、チョキはハサミ、パーは紙であることや、その勝負の意味などを子どもたちに伝えます。
> また、子どもたちもジャンケンのペープサートを作り、友だちとジャンケンをしたり、歌に合わせて動かして遊びます。

☆用意するもの　型紙はP.99

●グー　　　　　　　●チョキ　　　　　　●パー

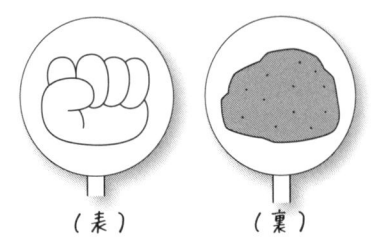

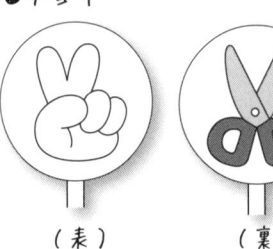

（表）（裏）　　　（表）（裏）　　　（表）（裏）

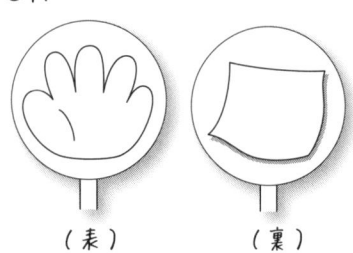

☆あそびかた

「なんだろね？」

「グー」（表）を出し、

みんな、ジャンケンのグーって、何を表しているものか知っているかな？

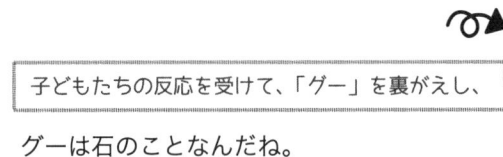

え～っと、え～っと…

「石なんです！」

子どもたちの反応を受けて、「グー」を裏がえし、

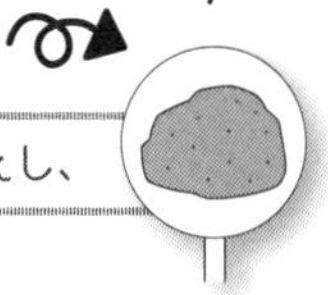

グーは石のことなんだね。

「チョキ」「パー」も同様に質問する。

チョキはハサミで、　　　　　パーは紙のことだね。

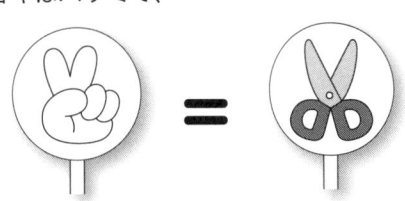

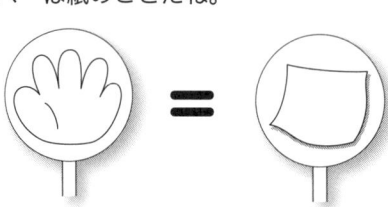

= 　　　　　　　　　　=

ジャンケンしよう

「グー」(裏)と「チョキ」(裏)を持ち、

石はハサミでは切れないね。
だから、グーとチョキのジャンケンは、
グーの勝ちなんだね。

石の勝ち！

「チョキ」(裏)と「パー」(裏)を持ち、

紙はハサミで切れるよね。
だから、チョキとパーのジャンケンは、
チョキの勝ちなんだね。

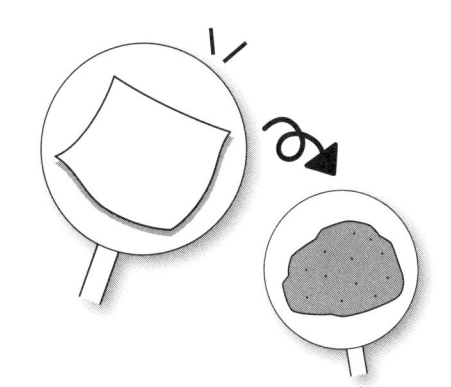

ハサミの勝ち！

「パー」(裏)と「グー」(裏)を持ち、

石は紙で包めるね。
だから、パーとグーのジャンケンは、
パーの勝ちなんだね。

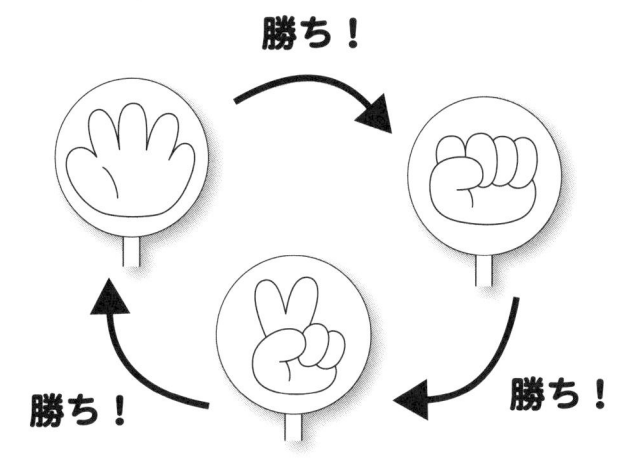

紙の勝ち～！！

勝ち！　勝ち！　勝ち！

「グー」(表)、「チョキ」(表)、「パー」(表)を出し、

グーはパーより弱いけど、チョキより強い。
チョキはグーより弱いけど、パーより強い。
でもパーはチョキより弱いけど、グーより強い。
なんだか不思議で、おもしろいね。
じゃあ、みんなで「♪ジャンケンのうた」を
歌ってみましょう。

「♪ジャンケンのうた」を歌いながら、歌詞に合わせて
それぞれのペープサートを動かす。

生活を楽しむペープサート

子どももできる

ジャンケンあそび

1.「グー」「チョキ」「パー」の型紙を使って、子どもが好きな色をぬり、ひとり1セットずつジャンケンのペープサートを作ります。

2. 作ったペープサートを使って、ふたりひと組になってジャンケンをして遊びます。

3.「♪ジャンケンのうた」の歌詞に合わせて、歌いながらペープサートを動かします。

ジャンケンのうた
作詞／作曲：井上明美

1. グー チョキパー で ジャンケンだ グーと チョキは グーのかち
2. グー チョキパー で ジャンケンだ チョキと パーは チョキのかち
3. グー チョキパー で ジャンケンだ パーと グーは パーのかち

いしは はさみで きれないね だから グーの かちなんだ
かみは はさみで きれちゃうね だから チョキの かちなんだ
いしは かみで つつめるね だから パーの かちなんだ

life is enjoyed

生活を楽しむペープサート②

子どもも できる

大きくなったら何になる？

POINT
いもむし→ちょうちょう、おたまじゃくし→かえるなど、成長すると姿が変わるさまざまな生き物について、ペープサートを使ってクイズ形式で子どもたちに考えさせます。
また発展的に、子どもたちが大きくなったら何になりたいかを描いてもらい、それぞれのペープサートを作ります。

☆用意するもの　型紙はP.100-101　【背景－ステージ幕（型紙 P.109）】　⑩舞台

- ①赤ちゃん（表） / （裏）
- ②ひよこ（表） / にわとり（裏）
- ③いもむし（表） / ちょうちょう（裏）
- ④おたまじゃくし（表） / かえる（裏）
- ⑤やご（表） / とんぼ（裏）

☆あそびかた

1.

「赤ちゃん」（表）を見せながら、

人間の赤ちゃんは、大きくなったら、人間の大人になりますね。
同じ人間の姿ですね。

は〜い！
知ってま〜す

「赤ちゃん」を裏がえす。

でも、生き物の中には、大きくなると姿が変わるものがありますね。

- 61 -

2.

「赤ちゃん」を下げ、「ひよこ」(表)を出して見せ、

これはひよこです。
ひよこは、大きくなったら何になると思う？

にわとり！！

子どもの反応を受けて、「ひよこ」を裏がえして、

あたり〜！ ひよこは、大きくなったら、にわとりになりますね。

3.

「ひよこ」を下げ、「いもむし」(表)を出して見せ、

じゃあ、いもむしは、何になるかな？

なんだっけ、、

子どもの反応を受けて、「いもむし」を裏がえして、

いもむしは、ちょうちょうや蛾になります。

4.

「いもむし」を下げ、「おたまじゃくし」(表)を出して見せ、

おたまじゃくしは、どうだろう？

かえる！！

子どもの反応を受けて、「おたまじゃくし」を裏がえし、

せいかい！ かえるだね！

5.

「おたまじゃくし」を下げ、「やご」（表）を出して見せ、

じゃあ、これはわかるかな？
これは、「やご」という何かの生き物の幼虫です。
やごは、大きくなったら何になるんだろう？

なんだろう？？

子どもの反応を受けて、「やご」を裏がえし、

やごは、大きくなったら、とんぼになります。
赤ちゃんのときと、大人になったときの姿が
全然違う生き物は、いろいろいるんですね。

子どもできる

大きくなったら何になりたい？あそび

1. 画用紙を半分に切り、片方に自分の絵（全身）を描き、もう片方には、将来なりたいもの（職業）を自由に描いてもらい、表裏にしてペープサートにします。

2. 全員が描けたら、自分の絵をみんなに見せ、保育者が「○○ちゃんは大きくなったら何になりたいのかな？」と次々聞いていき、子どもはペープサートを裏がえして、自分がなりたいものをみんなに披露します。

なになりたい？

サッカーの
せんしゅに
なりたい
です！

生活を楽しむペープサート

life is enjoyed

生活を楽しむペープサート③

子どももできる

お返事できるかな？

POINT
「♪なまえをよんだら」の歌に合わせてペープサートを裏がえし、名前を呼ばれたら手をあげて返事をすることを教えます。
また、子どもたちもペープサートを作り、保育者が子どもの名前を呼んだら、呼ばれた子どもは、ペープサートを動かしながらお返事をします。

★用意するもの 型紙は P.101-102

- こぶたちゃん （表）（裏）
- おばあちゃん （表）（裏）
- こねこちゃん （表）（裏）
- おすもうさん （表）（裏）

★あそびかた

1.

大きな声でお返事しようね！

「手をあげながら、」

みんな、自分の名前を呼ばれたら、手をあげて、「はーい！」と大きな声でお返事をしましょうね。わかりましたか？

はーい！　はーい！

「子どもたちの反応を受けて、」

じゃあ、「♪なまえをよんだら」の歌を歌いましょう。お返事をするところでは、みんなも元気よく手をあげましょうね。

life is enjoyed
お返事できるかな？

2.

「こぶたちゃん」（表）を出し、

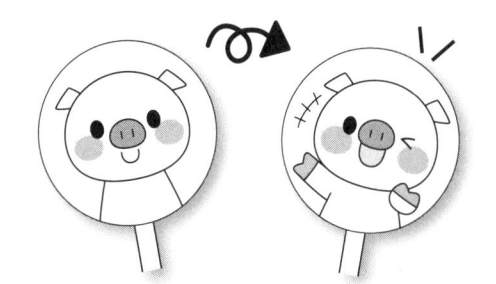

♪ なまえを　よんだら　おへんじしてね
とっても　いつでも　げんきで　げんきな
こぶたちゃん

「こぶたちゃん」を裏がえし、もう片方の手をあげながら、

♪ ブイブイ　ブイーッ

3.

「こぶたちゃん」を下げ、「おばあちゃん」（表）を出し、

♪ なまえを　よんだら　おへんじしてね
とっても　いつでも　げんきで　げんきな
おばあちゃん

「おばあちゃん」を裏がえし、もう片方の手をあげながら、

♪ アイアイ　アイヨーッ

4.

「おばあちゃん」を下げ、「こねこちゃん」（表）を出し、

♪ なまえを　よんだら　おへんじしてね
とっても　いつでも　げんきで　げんきな
こねこちゃん

「こねこちゃん」を裏がえし、もう片方の手をあげながら、

♪ ニャオニャオ　ニャオーン

5.

「こねこちゃん」を下げ、「おすもうさん」（表）を出し、

♪ なまえを　よんだら　おへんじしてね
とっても　いつでも　げんきで　げんきな
おすもうさん

「おすもうさん」を裏がえし、もう片方の手をあげながら、

♪ ドンドン　ドスコイーッ

生活を楽しむペープサート

子どもも　できる

作って、歌って、あそぼう！

1. 直径12cmの円を描いた2枚の画用紙の中に、子どもたちに自分の笑顔と、手をあげて返事をしている絵を描いてもらい、表裏にしてペープサートを作ります。

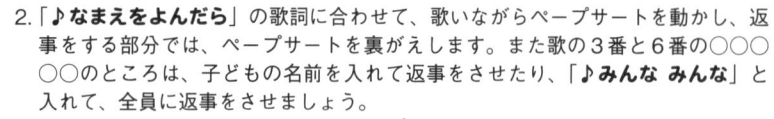

2. 「♪なまえをよんだら」の歌詞に合わせて、歌いながらペープサートを動かし、返事をする部分では、ペープサートを裏がえします。また歌の3番と6番の○○○○○のところは、子どもの名前を入れて返事をさせたり、「♪みんな みんな」と入れて、全員に返事をさせましょう。

なまえをよんだら

作詞／作曲：阿部直美

1.〜6. なまえをよんだら　― おへんじしてね

― とってもいつでも げんきでげんきな

こー	ぶた	ちゃちゃ	んん	「ブイ ブイ ブイーッ」
おー	ばあ	ちゃちゃ	○ん	「アイ アイ アイヨーッ」
○ー	○○	○○○	さん	「ハイ ハイ ハーイ」
こー	ねこ	ちゃちゃ	ん○	「ニャオ ニャオ ニャオーン」
おー	すも	う	さん	「ドン ドン ドスコイーッ」
○ー	○○	○○○	○	「ハイ ハイ ハーイ」

- 66 -

life is enjoyed

生活を楽しむペープサート④

元気にごあいさつ

子どももできる

POINT

「おはよう」「いただきます」「ありがとう」など、その場面ごとにいろいろなあいさつがあることを楽しい絵にして、ペープサートで伝えます。
また、「♪元気にごあいさつ」の歌を歌いながら、ペープサートを動かします。

☆用意するもの　型紙は P.103-105

① おはよう　（表）（裏）
② いただきます　（表）（裏）
③ ごちそうさま　（表）（裏）
④ こんにちは　（表）（裏）
⑤ さようなら　（表）（裏）
⑥ ありがとう　（表）（裏）
⑦ ごめんなさい　（表）（裏）
⑧ おやすみなさい　（表）（裏）

☆あそびかた

「おはよう」（表）を見せながら、

ごあいさつには、いろいろなものがありますね。
朝起きたときのごあいさつは、何かな？

起きたときは何て言うのかな？

「おはよう」を裏がえし、

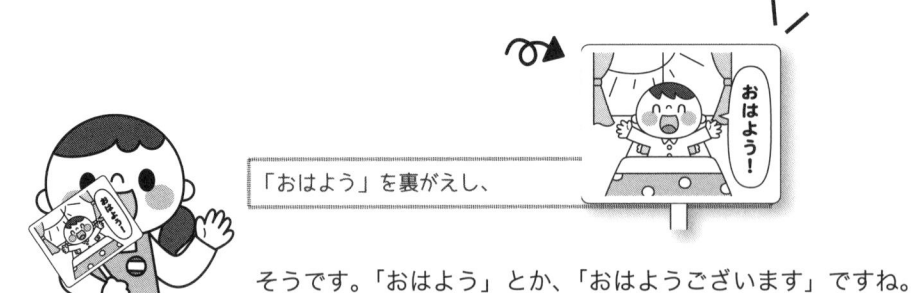

そうです。「おはよう」とか、「おはようございます」ですね。

同様に他のあいさつも行います。

★いただきます

おいしそうなごはんだね！
ごはんを食べるときは何て言うのかな？

ご飯を食べるときのごあいさつは「いただきます」です。

★ごちそうさま

お腹いっぱい！ ご飯を食べ終わったみたいだね。
何て言うのかな？

ご飯を食べ終わったときのごあいさつは、
「ごちそうさま」とか「ごちそうさまでした」ですね。

life is enjoyed
元気にごあいさつ

★こんにちは

おや〜、昼間に知っている人に会ったみたいだね。
何てごあいさつするのかな？

「こんにちは」

昼間誰かと会ったときのごあいさつは「こんにちは」です。

★さようなら

もう夕方だね。あそんでいたお友だちとお別れするときは
何て言うのかな？

「さようなら」

お別れするときのごあいさつは「さようなら」ですね。

★ありがとう

いいな〜。プレゼントをもらったみたいだね！
こんなとき、何て言うのかな？

「どうぞ」 「ありがとう」

誰かにプレゼントをもらったときのごあいさつは、
「ありがとう」とか「ありがとうございます」ですね。

ありがとうだよ！

生活を楽しむペープサート

★ごめんなさい

あらら、ボールをぶつけちゃったみたいだね。
こういうとき、何て言うのかな？

「ごめんなさい」

ボールを誰かにぶつけてしまったり、人にいやな思いをさせてしまったときのごあいさつは、「ごめんなさい」ですね。

★おやすみなさい

もう夜だね。さあ、寝るときは何て言うのかな？

おやすみなさい！

「おやすみなさい」

夜寝るときのごあいさつは「おやすみなさい」ですね。
みんな、よくわかりましたね。
じゃあ、みんなで「♪元気にごあいさつ」の歌を歌ってみましょう。

「♪元気にごあいさつ」を歌いながら、歌詞に合わせてそれぞれのペープサート（裏）を動かす。

おはよう／いただきます／ごちそうさま／こんにちは／さようなら／ありがとう／ごめんなさい／おやすみなさい

歌ってあそぼう

1. 「元気にごあいさつ」のペープサートの中から、子どもたちにそれぞれひとつだけ好きなごあいさつを選んでもらい、型紙を使ってそのごあいさつの絵を好きな色でぬり、ペープサートを作ります。

2. 「♪元気にごあいさつ」の歌に合わせて、自分が作ったごあいさつの歌詞の部分ではペープサートを動かします。

元気にごあいさつ

作詞／作曲：井上明美

1.～4. げんき に ご あ い さ つ　できる よ できる よ ご あい さつ

1	2	3	4
あさ おきたら　あかるい きもちで　ごあいさつ	おーはよう　いただきます　ありがとう	よるねるとき　たべおわる　わかれるとき　はたらくはは　きはは	おやすみなさい　ごちそうさま　いってきます　ごめんなさい

life is enjoyed

生活を楽しむペープサート⑤

私はだあれ？

子どもも
できる

POINT

紙コップを使って、大きな帽子を作ります。ペープサートでいろいろな動物を作り、足だけ見えるようにして帽子の中に隠します。動物の姿が少しずつ見えていくようにペープサートを動かし、どんな動物が隠れているのかをあてていきます。また、子どもたちにも好きな動物をペープサートで作ってもらい、帽子に隠して、みんなであてっこをして楽しみます。

☆用意するもの　型紙は P.105-106

⓪帽子　①ぶた　②パンダ　③しまうま　④キリン

⑤フラミンゴ　⑥ゴリラ　⑦うさぎ

☆帽子の作りかた

【用意するもの】紙コップ、厚紙、はさみ、サインペン・クレヨンなど、両面テープ、割りばし、ガムテープなど

❶ 型紙の「帽子」を拡大コピーして切り取り、厚紙に貼って色をぬり、切り取ります。

❷ ❶の帽子を紙コップに両面テープで貼りつけます。

❸ ❷の紙コップの内側に、ガムテープで割りばしをつけます。

横から見たところ

- 72 -

life is enjoyed
私はだあれ？

☆あそびかた

「帽子」の中に「ぶた」を隠して持ち、

この大きな帽子の中には、ある動物が隠れています。
誰が隠れているのか、わかるかな？

帽子の中に隠した「ぶた」のペープサートを少しずつ下に下げていき、子どもの反応を受けて、

なんだろうね？

ジャーン！

ぶたさんだ～

正解は、ぶたさんでした！

「帽子」の中から「ぶた」を出して見せる。

同様に他の動物も行っていく。

● パンダ

手足が黒いよ？？
何だろう？？

パンダ！！

● しまうま

しま模様がある動物な～んだ？

しましまぃ

生活を楽しむペープサート

●キリン

ヒントは首が
なが〜い動物だよ！

わかった！
キリンだ！

●フラミンゴ

足がなが〜いね。
これは鳥だよ！

足がながい鳥？？

●ゴリラ

ウッホウッホ！
とっても強い動物だよ。

う〜ん…

●うさぎ

耳がながくて
かわいい動物！

うさぎさん！！

life is enjoyed
私はだあれ？

子どもも できる

作ってあてよう！動物クイズ

1. 「帽子」の型紙と紙コップを使い、帽子には子どもが好きな色をぬって、ひとりひとつずつ帽子のペープサートを作ります。また、帽子に隠れる大きさで、画用紙にそれぞれひとつ好きな動物の絵を描き、ペープサートを作ります。

2. ひとりずつ自分が作った帽子の中に動物のペープサートを隠して見せ、少しずつペープサートを下に動かして、他の子どもたちは、何の動物かをあてます。

生活を楽しむペープサート

life is enjoyed

生活を楽しむペープサート⑥

子どもも できる

虫歯キンをやっつけろ！

POINT
食べた後は歯みがきをしないと虫歯になることを、ペープサートを使って伝えます。食べかすがついたままにしておくと虫歯になり、きちんと歯みがきをすると虫歯にはならないことを対比して、ペープサートで楽しくわかりやすく見せます。また、実際に子どもたちもペープサートを作り、歯ブラシを動かして、歯みがきの楽しさを伝えます。

☆用意するもの　型紙は P.106-107　【背景ーステージ幕（型紙 P.109）】　●舞台

● 虫歯キン（表）（裏） 　● カバ（表）（裏） 　● 歯ブラシ 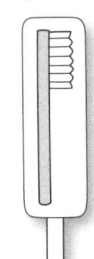　● ワニ（表）（裏）

☆あそびかた

1.

「カバ」（表）を片手に持ち、
「虫歯キン」（表）をもう片方の手に持って、

カバさんがご飯を食べた後のことです。
歯には食べかすがついていますね。
カバさんは、歯みがきをしないでほったらかしにしていました。
それを、虫歯キンが狙っているようですよ。

🦠「あそこに食べかすがあるぞ。
　　あそこを狙ってやろう。ウッシッシ・・・。」

「虫歯キン」（表）を少し動かす。

- 76 -

life is enjoyed
虫歯キンをやっつけろ！

2.

あっ、危ない！ 虫歯キンに歯をやられちゃう！

「虫歯キン」（表）を「カバ」（表）の歯に
近づけて動かす。

「えいっ、えいっ！」

3.

「カバ」を裏がえす。

「やったー！ 大成功！ ウッシッシ・・・。」

ああ、カバさんは食べた後に歯みがきしなかったから、
虫歯キンにやられて、虫歯になっちゃったね。

4.

「カバ」を下げ、「ワニ」（表）を片手に持ち、
「虫歯キン」（表）をもう片方の手に持って、

今度は、ワニさんがご飯を食べた後のことです。
歯にはやっぱり、食べかすがついていますね。
おやおや、また虫歯キンが狙っているようですよ。

「あそこにも食べかすがあるぞ。
あそこも狙ってやろう。ウッシッシ・・・。」

「虫歯キン」（表）を少し動かす。

生活を楽しむペープサート

5.

あっ、危ない！と思ったそのときです。
ワニさんは歯みがきを始めました。

> 「虫歯キン」を下げ、「歯ブラシ」を出して、「ワニ」（表）の歯にあてて動かす。

「さあ、歯みがきをしよう！
シュッ、シュッ、シュッ・・・。」

6.

> 「ワニ」を裏がえし、

食べかすはきれいに取れて、歯はピッカピカになりました。

> 「歯ブラシ」を下げ、「虫歯キン」（裏）を出して動かし、

「ああ、歯みがきされちゃった！
くやしい～！」

ワニさんは、食べた後ちゃんと歯みがきをしたから、
虫歯にならなかったんだね。よかったね。
みんなも、食べた後はちゃんと歯をみがこうね。

約束だよ！

子どももできる

歯みがきあそび

1. 子どもの人数分、「ワニ」（表・裏）と「歯ブラシ」の型紙をコピーし、子どもたちに好きな色をぬってもらい、ペープサートを作ります。
2. 子どもたちは、自分が作ったペープサートを使い、「ワニ」（表）に「歯ブラシ」をあてて歯みがきの擬似体験をし、歯みがきができたら「ワニ」を裏がえして、ピカピカになった歯を見せます。

ゴシゴシ

ピカピカになったよ！

★型紙集

お好みに合わせて拡大して、ご使用ください。
まず全体を原寸でコピーし、それから使用するイラストを切り取り、拡大すると無駄なく使えます。
またイラストには色がついていませんので、拡大したものに色をぬりましょう。
また、編集の都合上、イラストの向きが違うものがございます。ご了承ください。
背景のイラストはP.108〜にまとめて掲載しています。お話に合わせて選んでご使用ください。

P.6-9 犬のおまわりさん

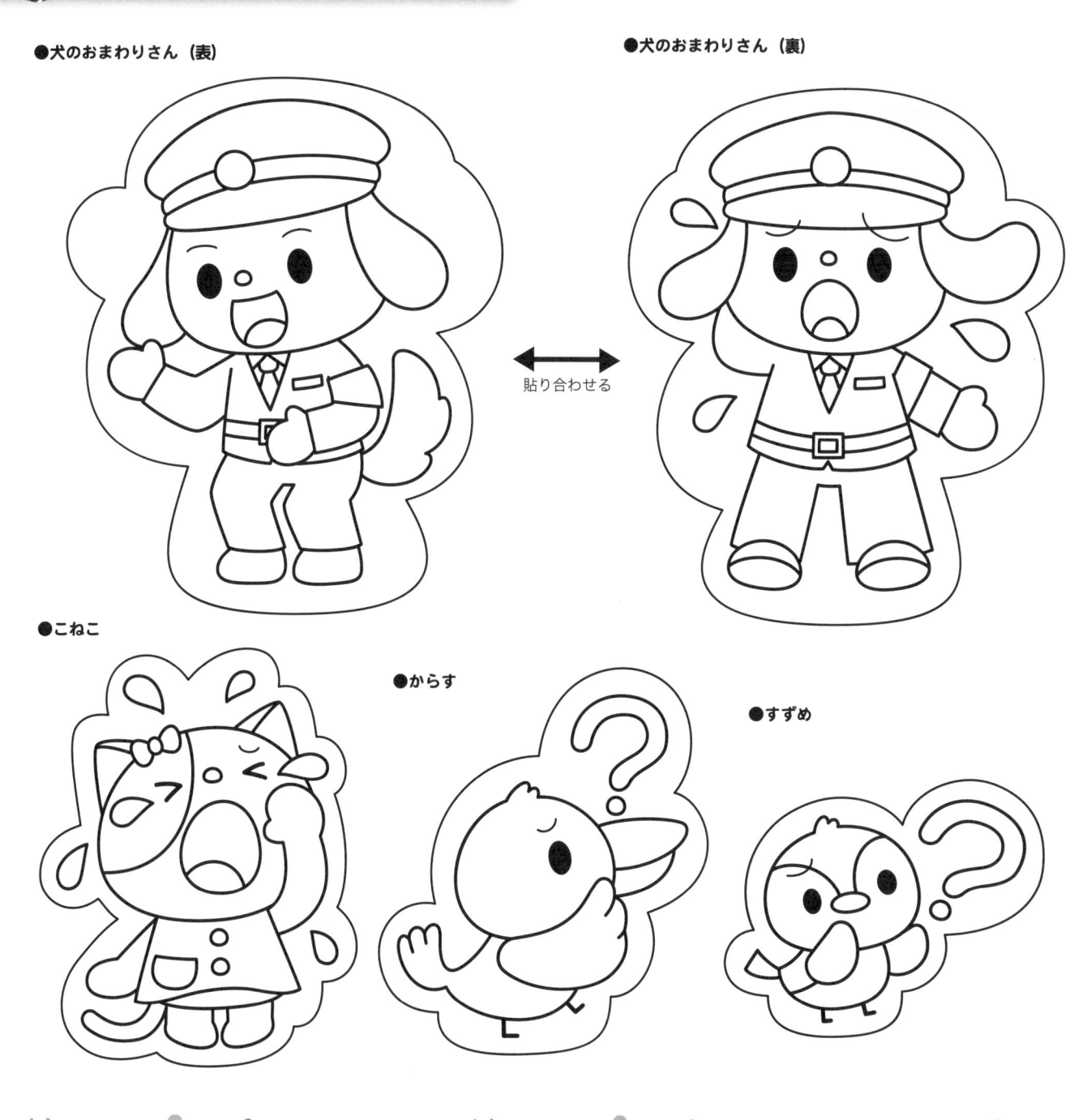

●犬のおまわりさん（表）

●犬のおまわりさん（裏）

貼り合わせる

●こねこ

●からす

●すずめ

- 79 -

●おうち

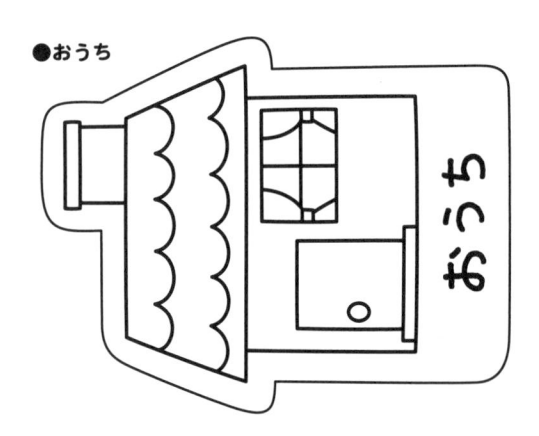

●なまえ

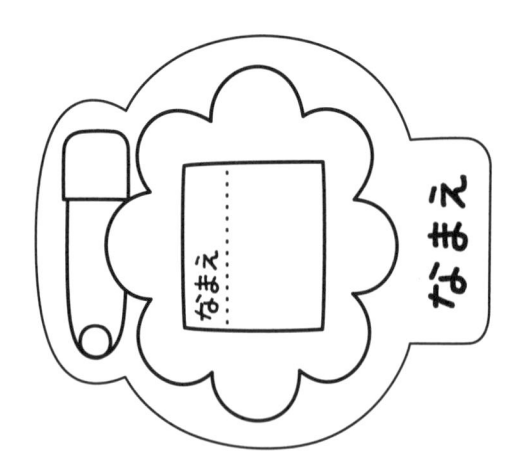

P.10-13 こぶたぬきつねこ

●こぶた（表）

こぶた

●こぶた（裏）

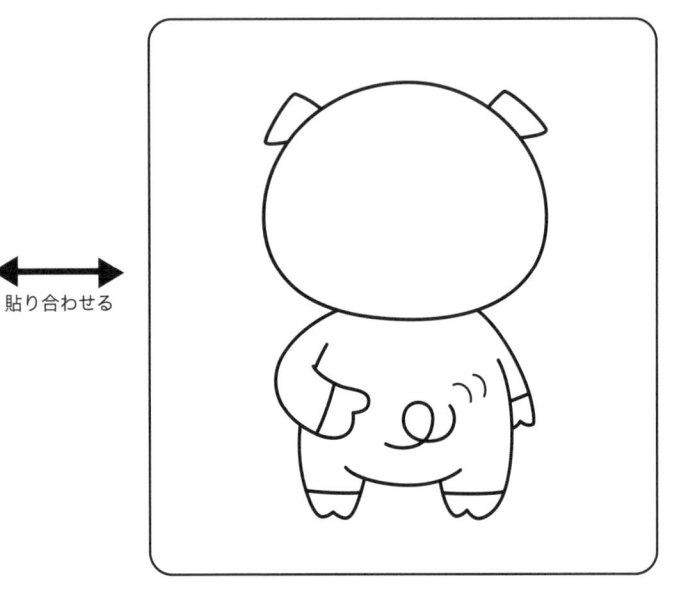

貼り合わせる

●たぬき（表）

たぬき

●たぬき（裏）

貼り合わせる

●きつね（表）

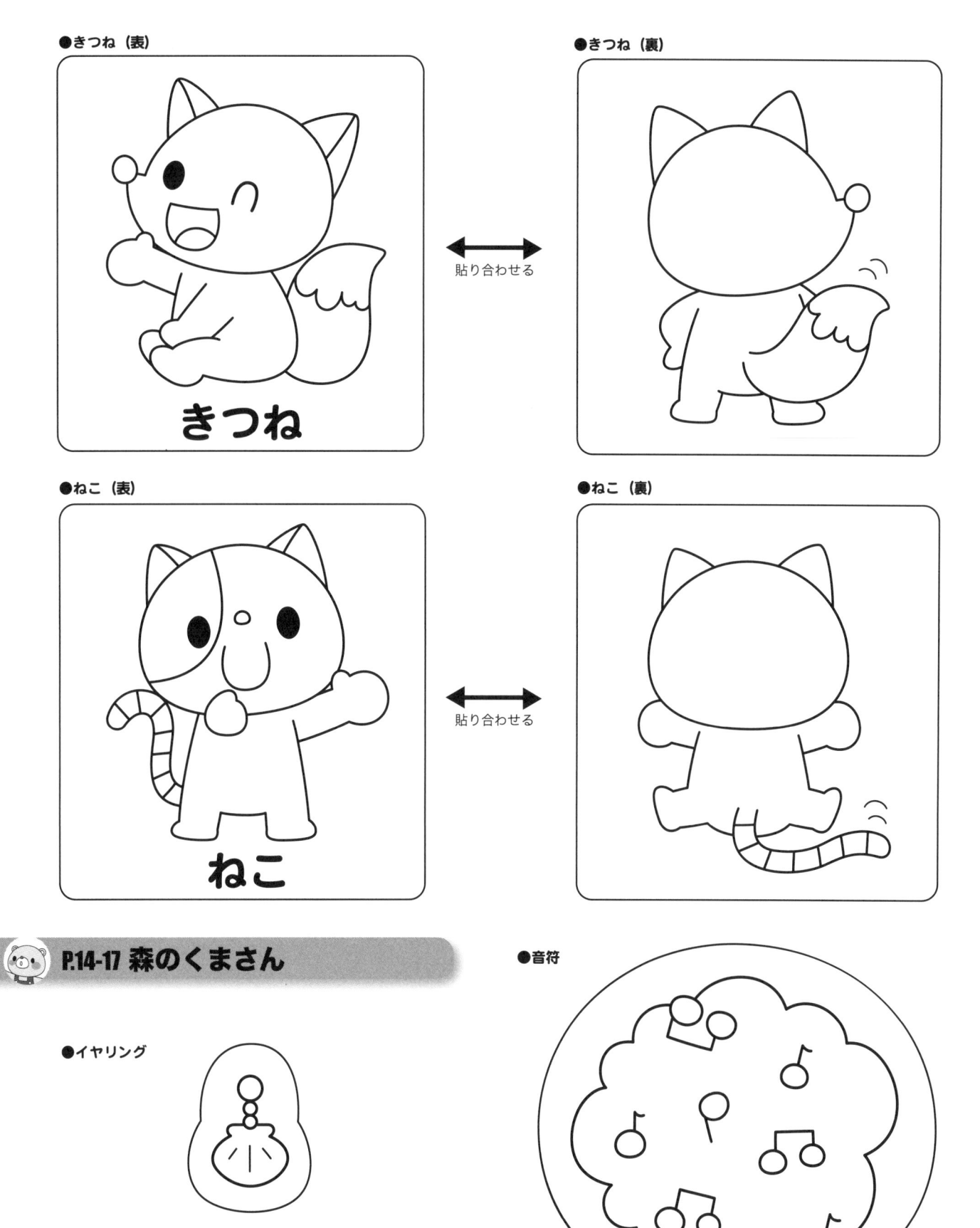

●きつね（裏）

←貼り合わせる→

きつね

●ねこ（表）

●ねこ（裏）

←貼り合わせる→

ねこ

P.14-17 森のくまさん

●音符

●イヤリング

- 81 -

●お嬢さん（表）　　　　　　　　　　　●お嬢さん（裏）

貼り合わせる

●くまさん（表）　　　　　　　　　　　●くまさん（裏）

貼り合わせる

P.18-21 コンコンクシャンのうた

●りす（表）　　　　　　　　　　　●りす（裏）

貼り合わせる

●つる（表）　　　　　●つる（裏）

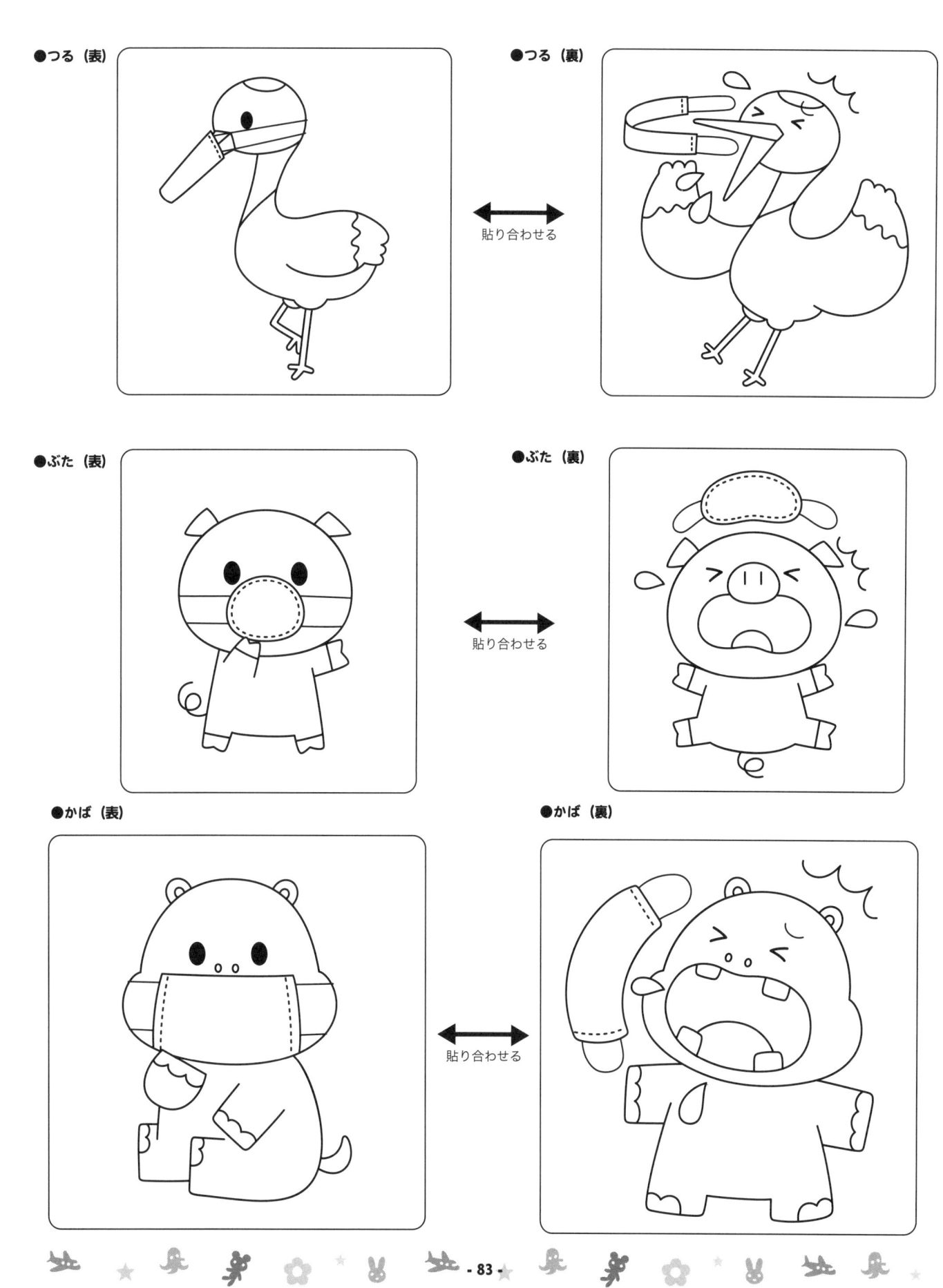

貼り合わせる

●ぶた（表）　　　　　●ぶた（裏）

貼り合わせる

●かば（表）　　　　　●かば（裏）

貼り合わせる

●ぞう（表）　　　　　　　　　　　●ぞう（裏）

貼り合わせる

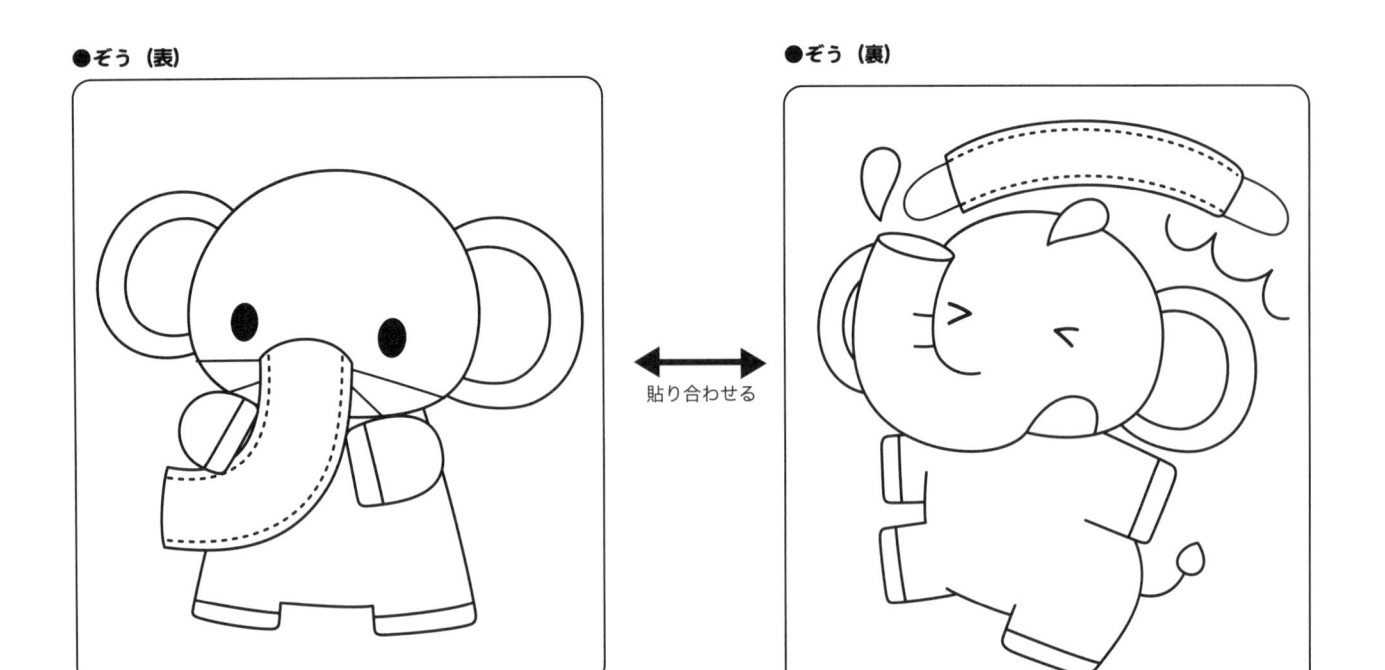

P.22-25 まあるいたまご

※たまご（裏）はひびの部分を切り離し、（表）と合わせます。

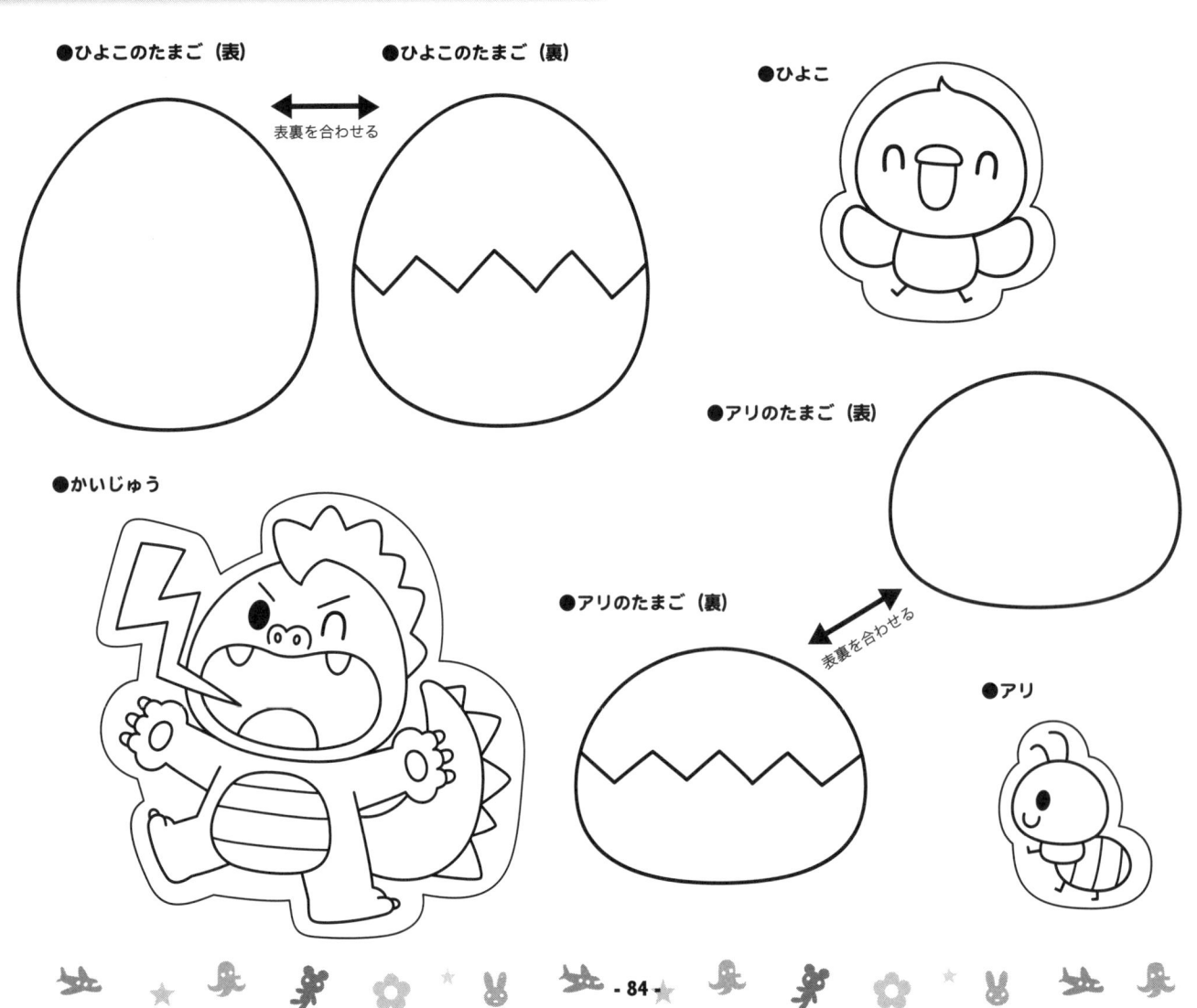

●ひよこのたまご（表）　●ひよこのたまご（裏）

表裏を合わせる

●ひよこ

●かいじゅう

●アリのたまご（表）

●アリのたまご（裏）

表裏を合わせる

●アリ

- 84 -

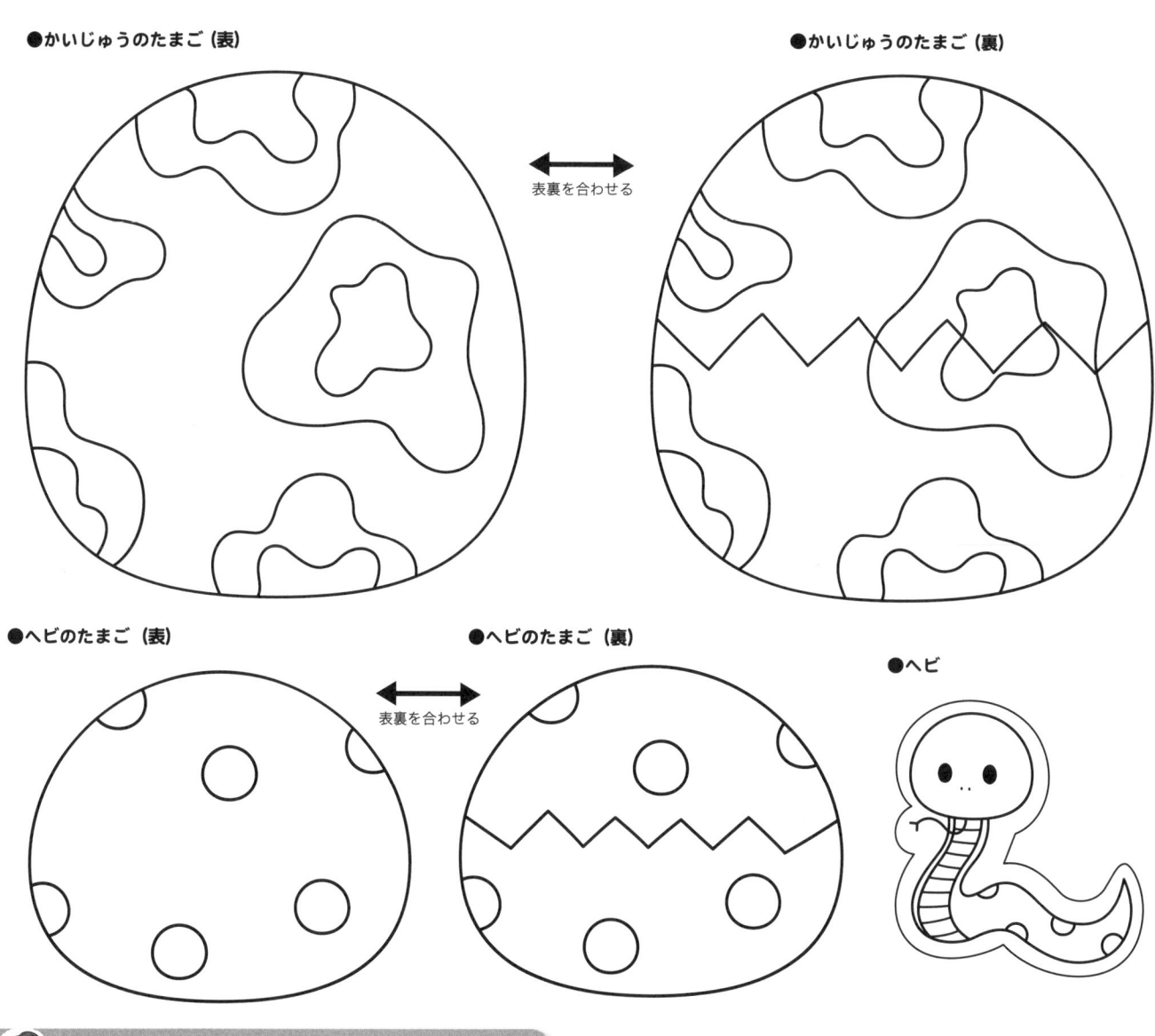

●かいじゅうのたまご（表）　　　　　　　　　　　　　　　　　●かいじゅうのたまご（裏）

↔ 表裏を合わせる

●ヘビのたまご（表）　　　　●ヘビのたまご（裏）　　　　　●ヘビ

↔ 表裏を合わせる

P.26-29 山の音楽家

●こりす（表）　　　　　　　　　　　　　　●こりす（裏）

↔ 貼り合わせる

- 85 -

●うさぎ（表） ●うさぎ（裏）

貼り合わせる

●ことり（表） ●ことり（裏）

貼り合わせる

●たぬき（表） ●たぬき（裏）

貼り合わせる

P.30-33 あめふりくまのこ

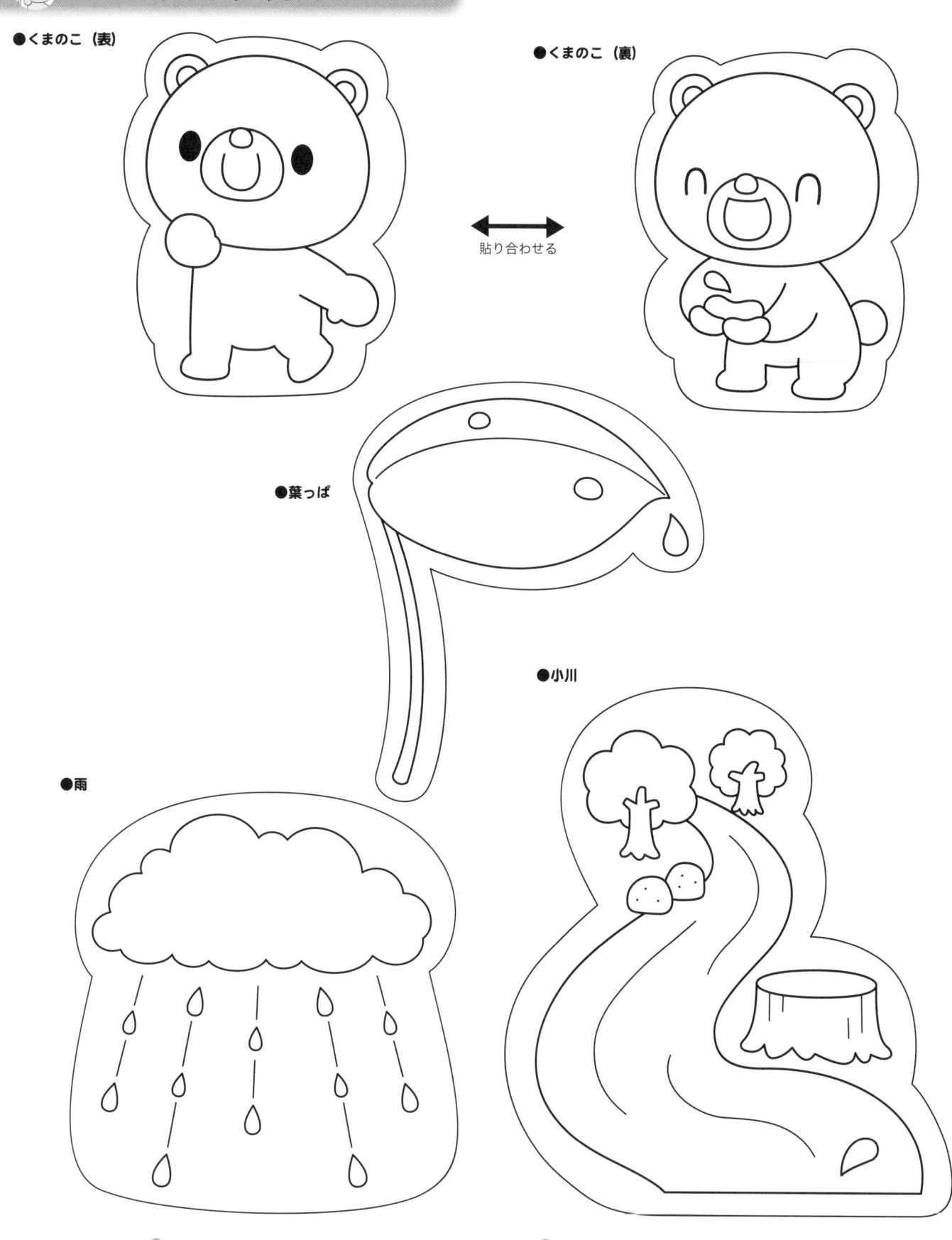

●くまのこ（表）

●くまのこ（裏）

貼り合わせる

●葉っぱ

●小川

●雨

●山

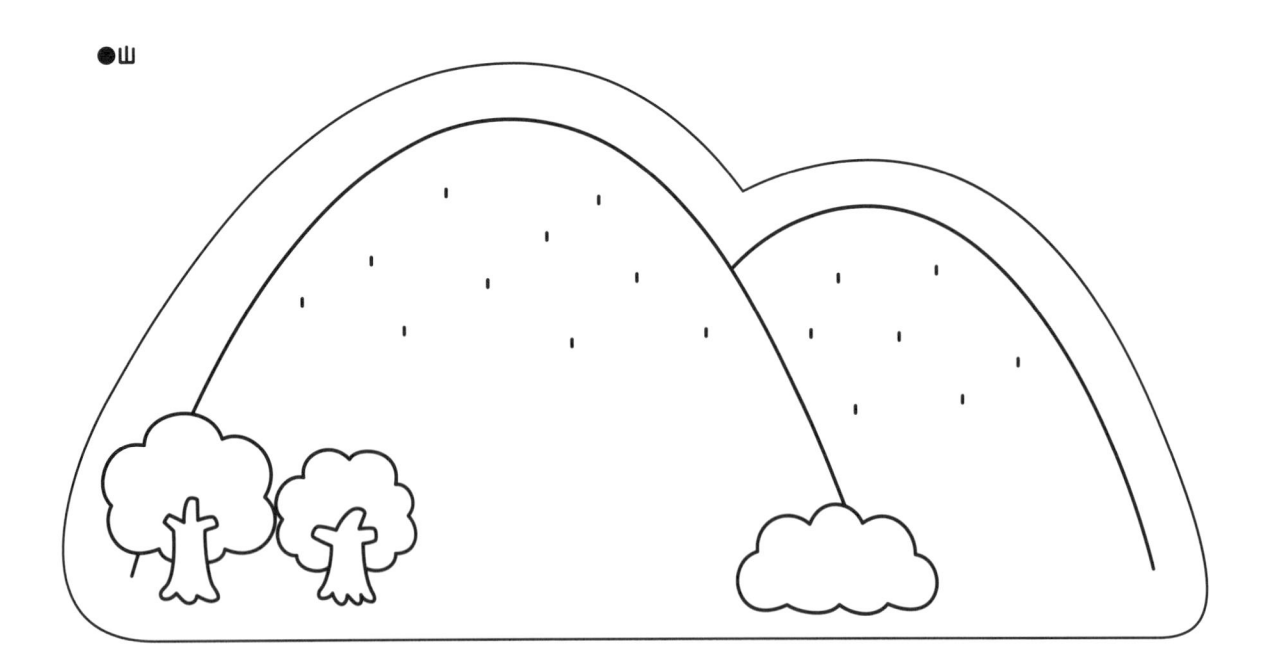

P.34-37 うさぎとかめ

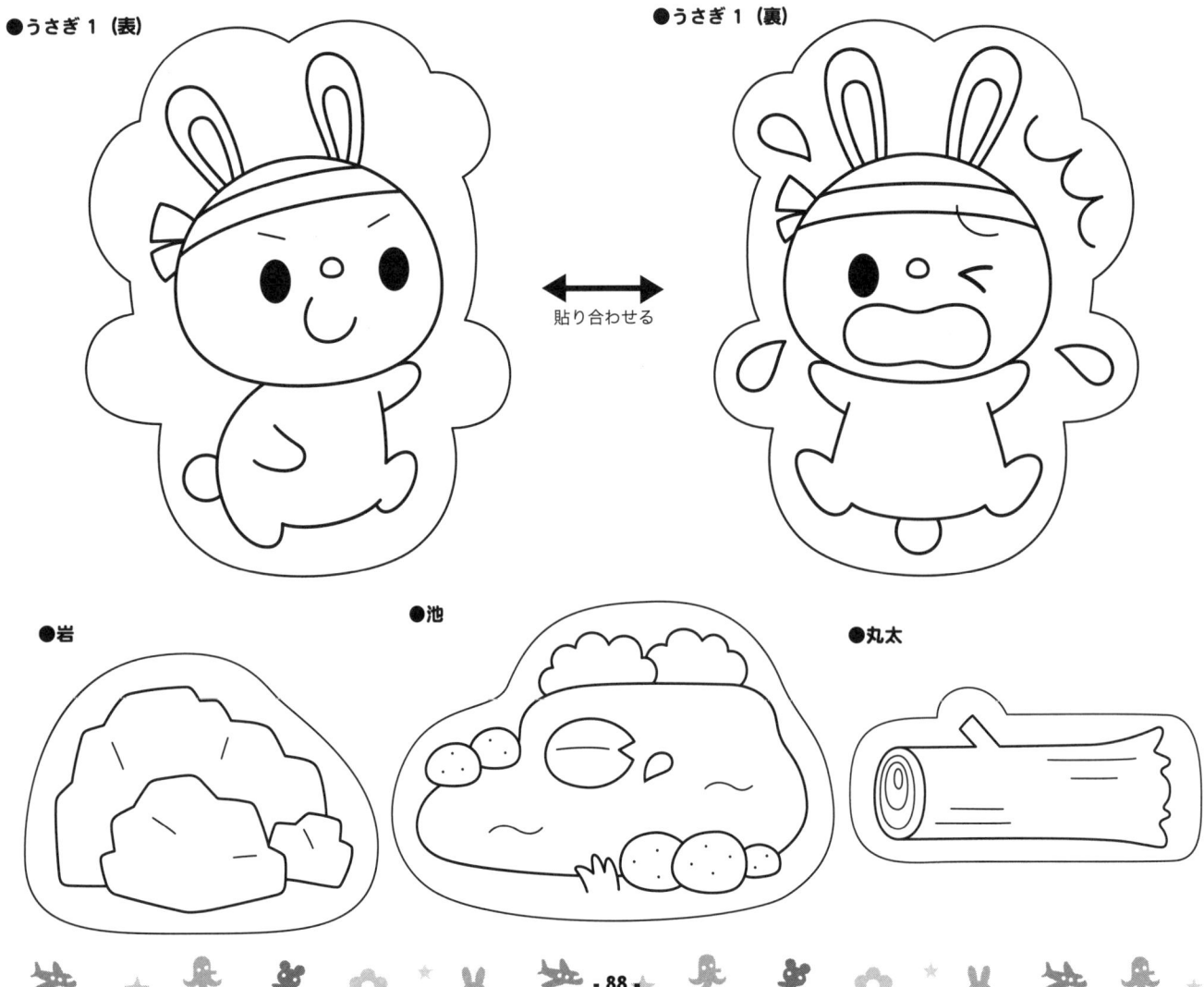

●うさぎ1（表）　●うさぎ1（裏）

貼り合わせる

●岩　●池　●丸太

●うさぎ2（表） ●うさぎ2（裏）

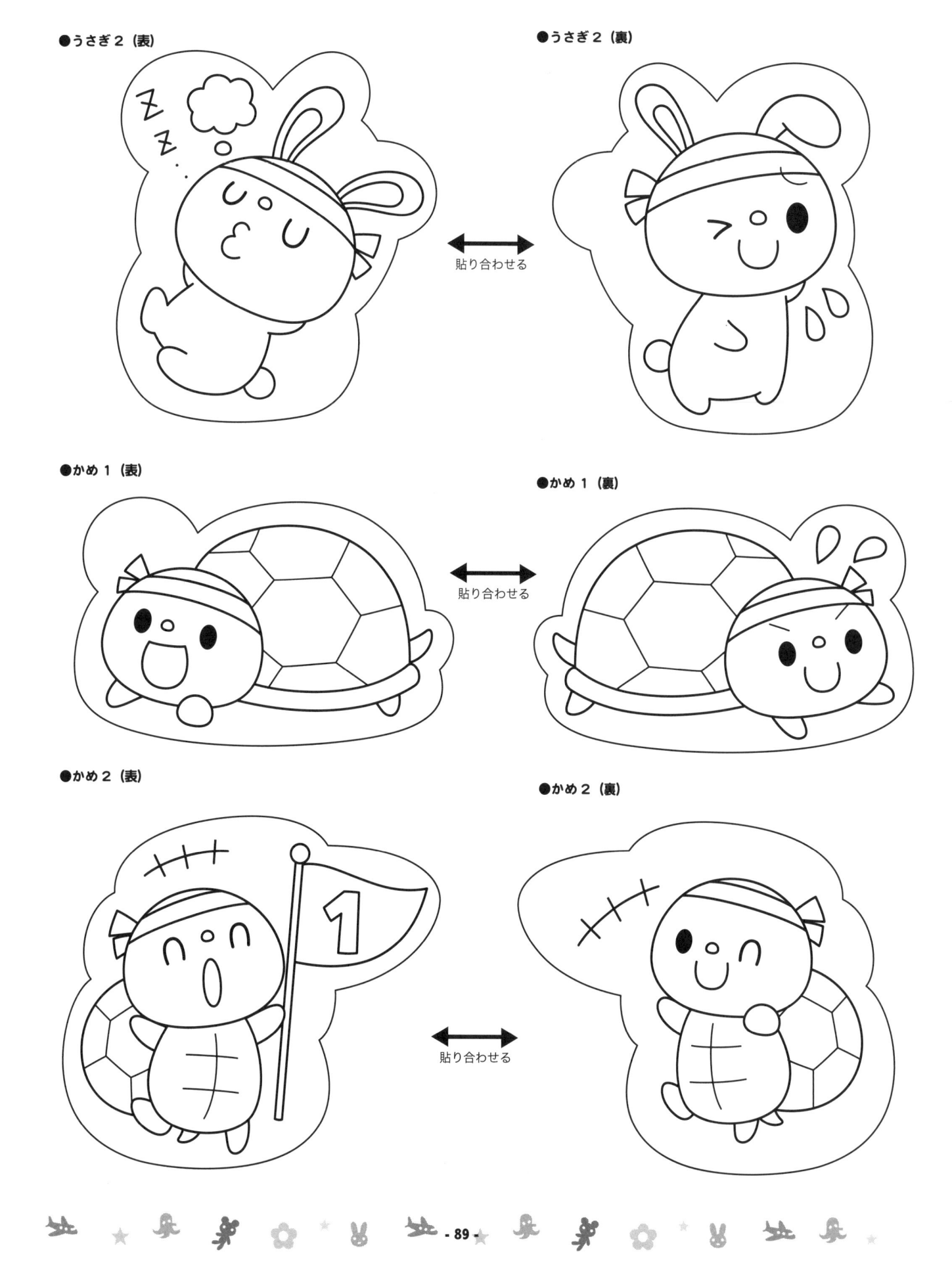

貼り合わせる

●かめ1（表） ●かめ1（裏）

貼り合わせる

●かめ2（表） ●かめ2（裏）

貼り合わせる

●木

●山

P.38-41 マッチ売りの少女

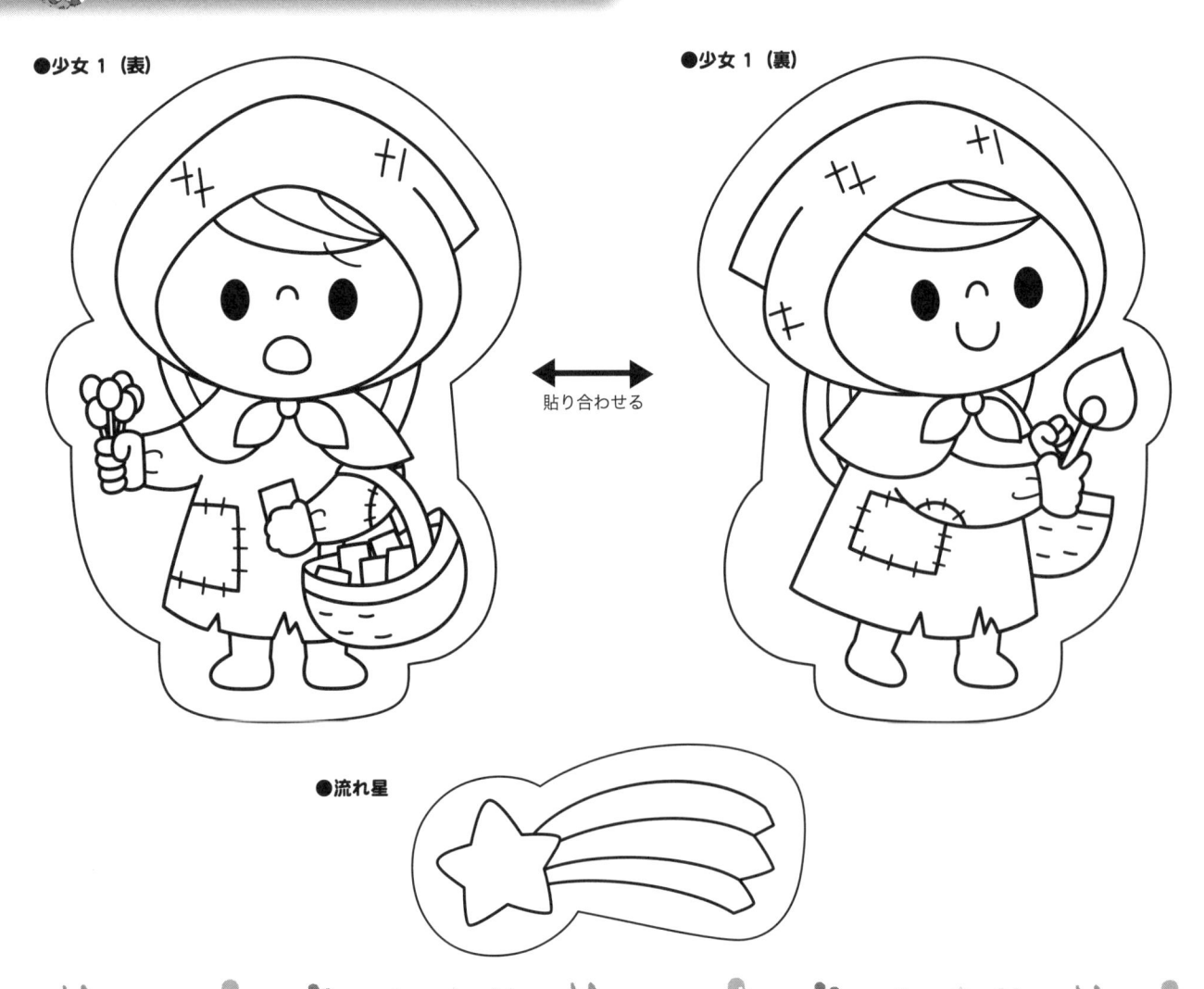

●少女1（表）　←　貼り合わせる　→　●少女1（裏）

●流れ星

●少女2（表）　　　　　　　●少女2（裏）

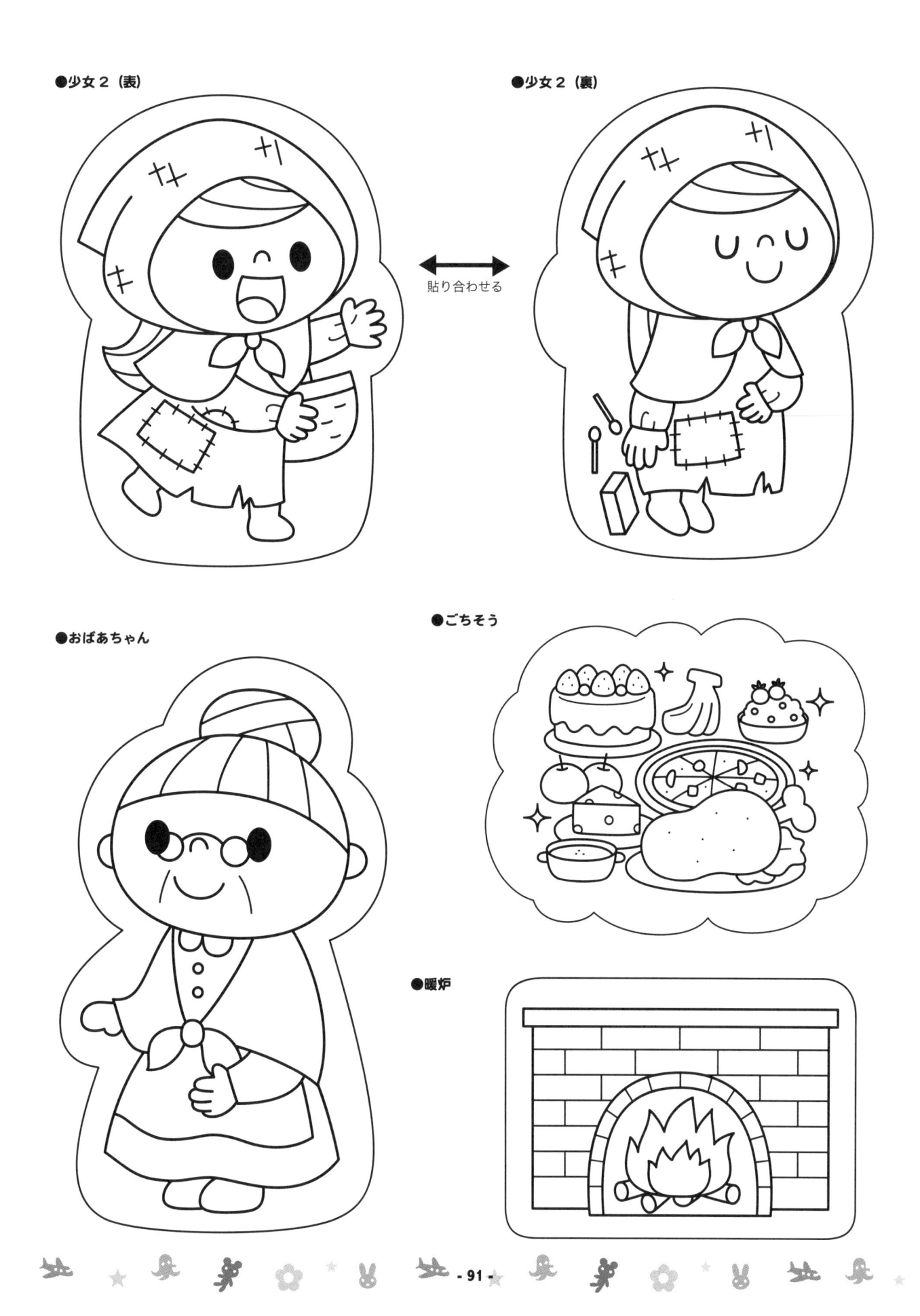

貼り合わせる

●おばあちゃん　　　　　　●ごちそう

●暖炉

- 91 -

●クリスマスツリー

●アリの家

P.42-44 アリとキリギリス

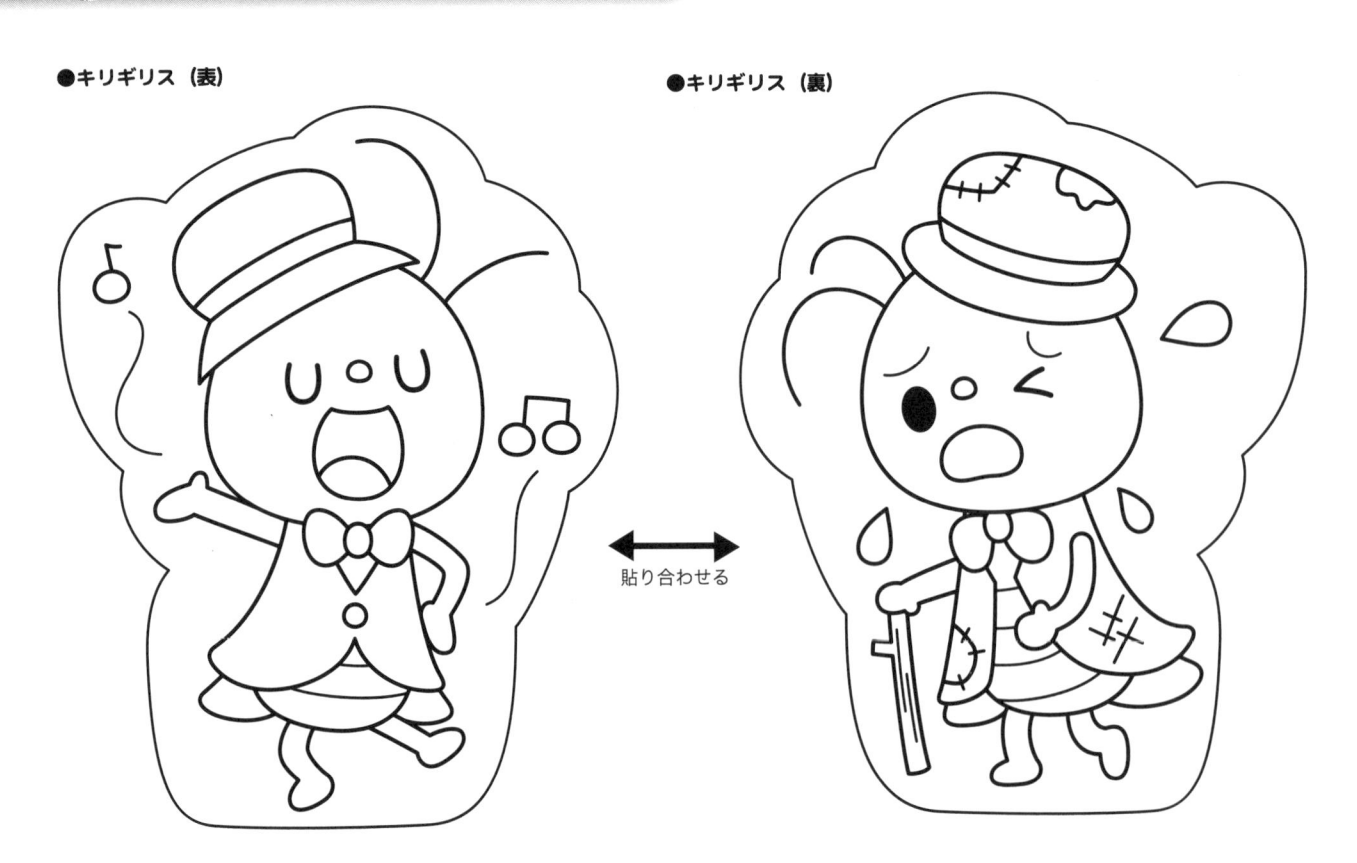

●キリギリス（表）

●キリギリス（裏）

貼り合わせる

●アリ（表）　　　　　　　●アリ（裏）

●お殿様

P.45-49 金太郎

●金太郎（表）

貼り合わせる

●金太郎（裏）

●うさぎ

- 93 -

●くま

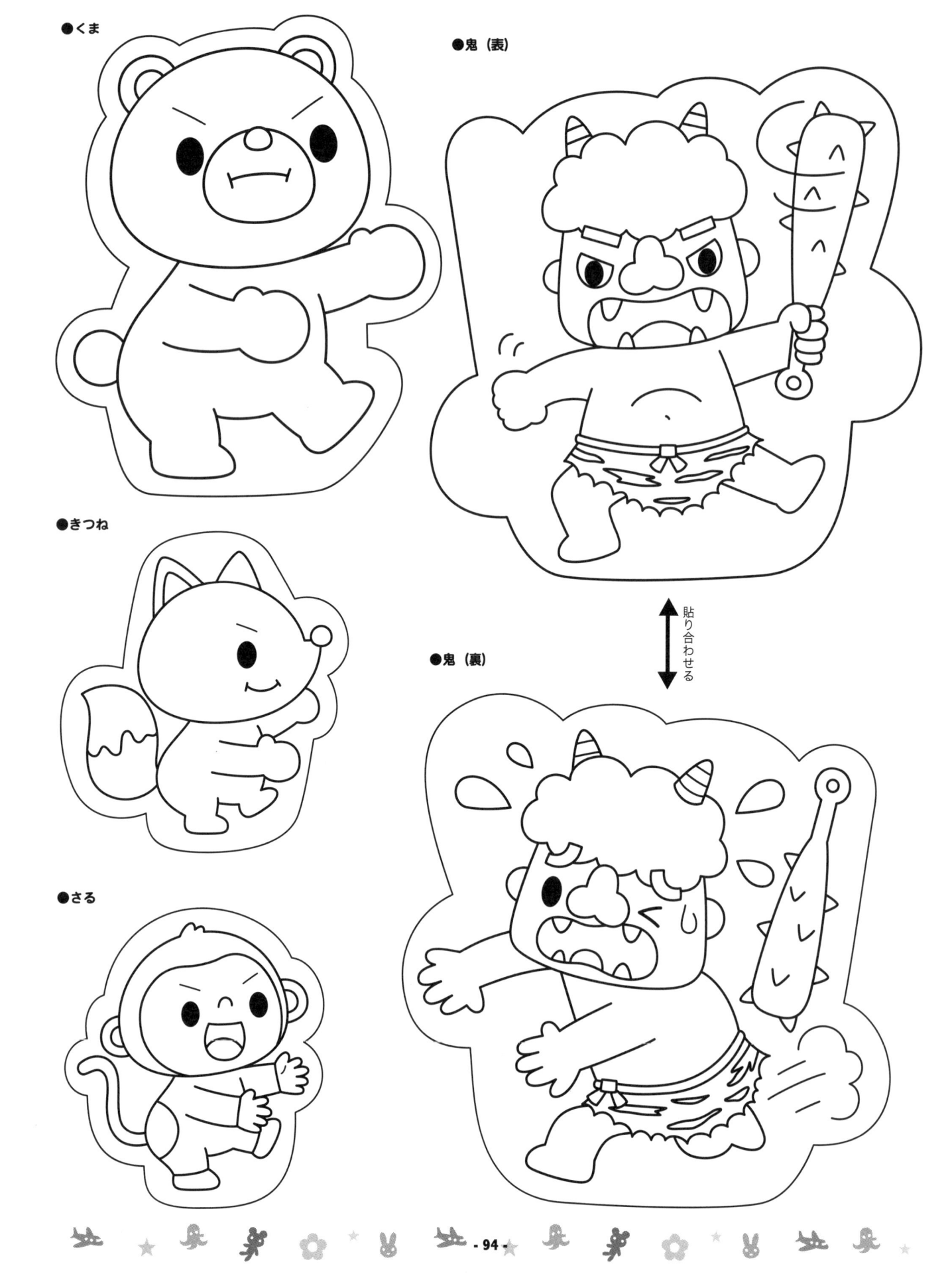

●鬼（表）

●きつね

貼り合わせる

●鬼（裏）

●さる

P.50-54 ブレーメンの音楽隊

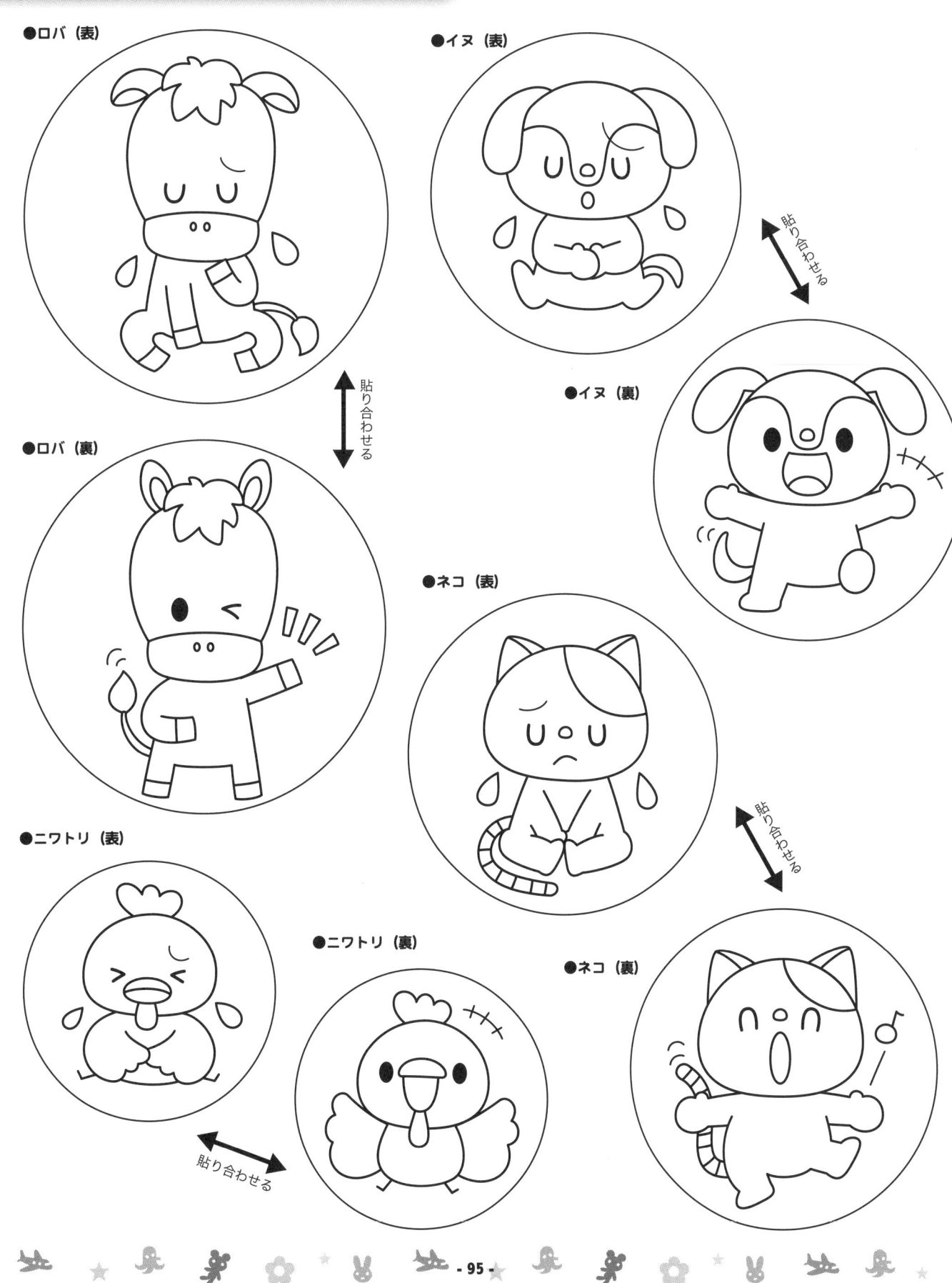

●ロバ（表）

●イヌ（表）

貼り合わせる

●ロバ（裏）

貼り合わせる

●イヌ（裏）

●ネコ（表）

●ニワトリ（表）

●ニワトリ（裏）

●ネコ（裏）

貼り合わせる

貼り合わせる

●どろぼう（表）　　　　　　　●どろぼう（裏）

←→ 貼り合わせる

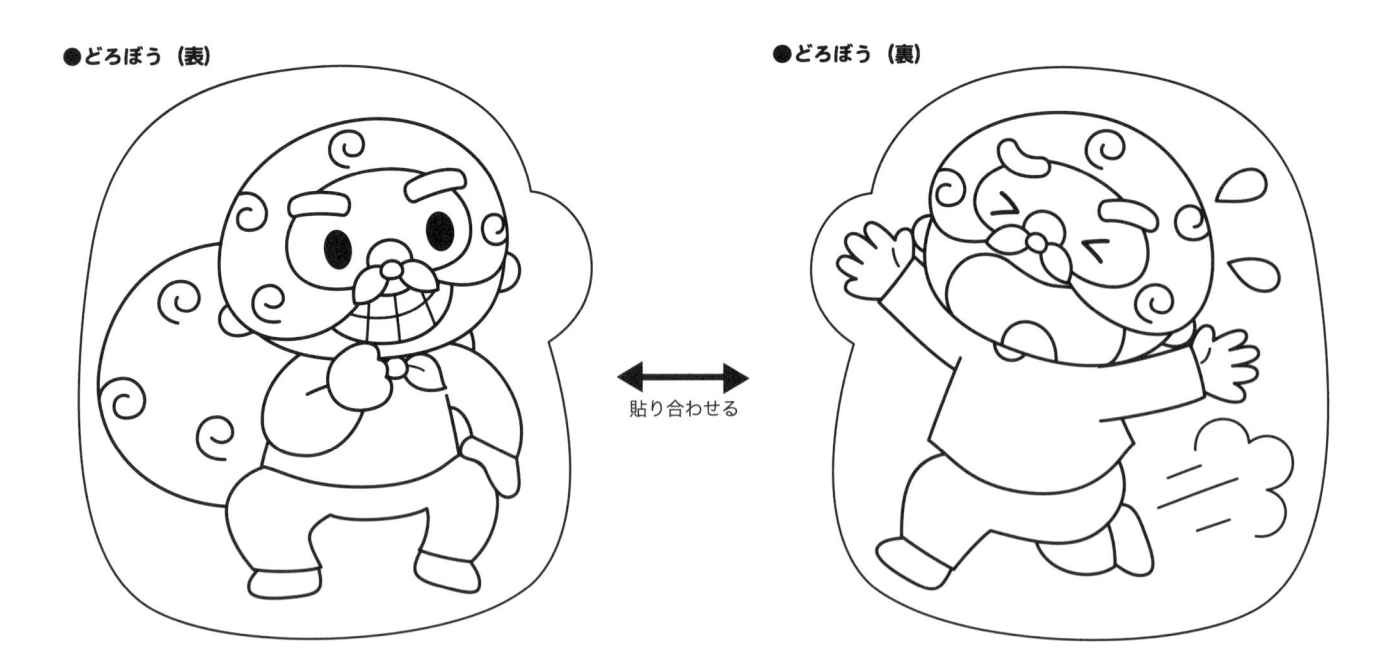

●どろぼうの家

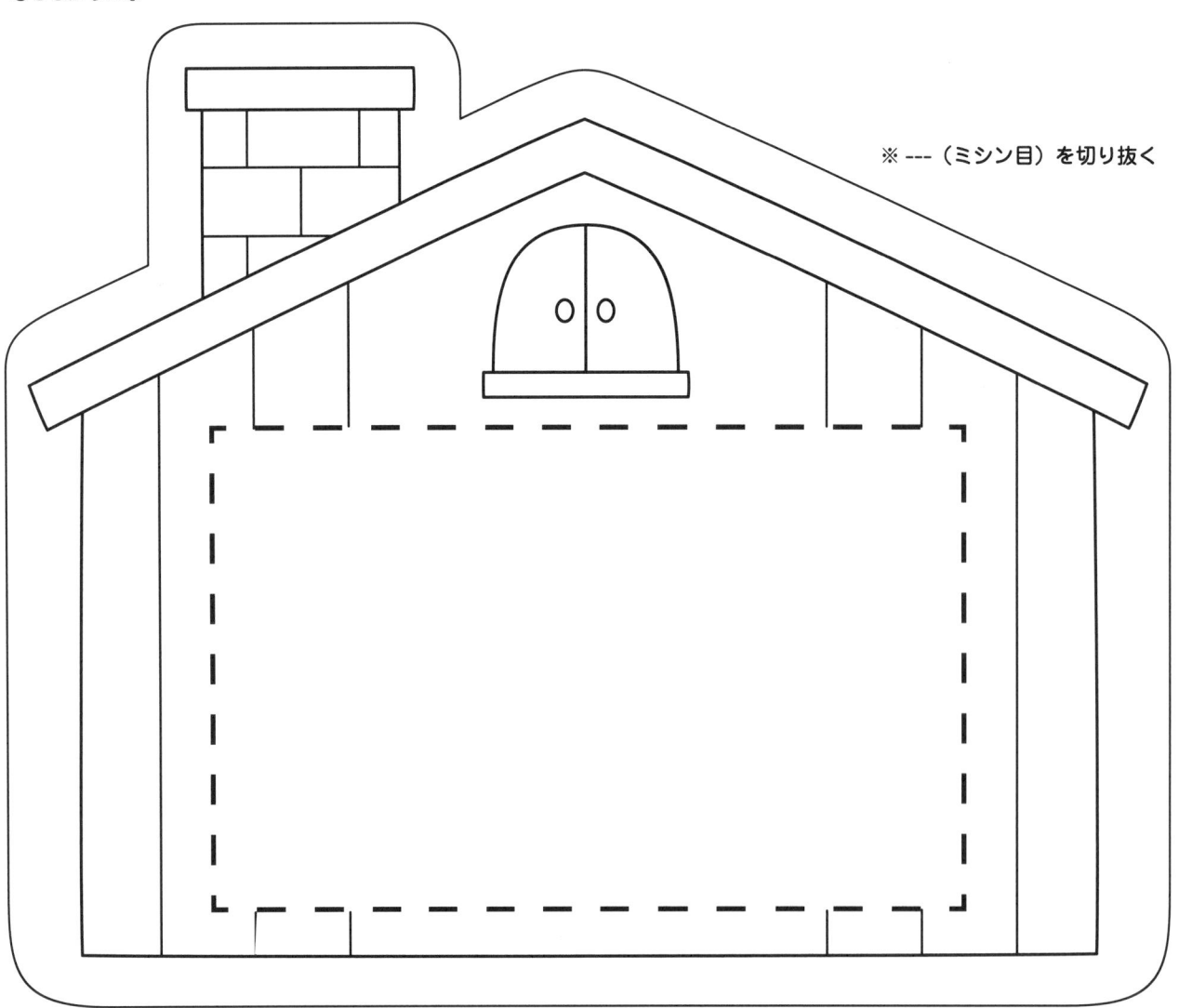

※ --- （ミシン目）を切り抜く

P.55-57 3匹の子ぶた

● 1番目の子ぶた（表）

● 2番目の子ぶた（表）

● 2番目の子ぶた（裏）

貼り合わせる

● 1番目の子ぶた（裏）

貼り合わせる

● 3番目の子ぶた

● オオカミ2（裏）

● オオカミ2（表）

貼り合わせる

- 97 -

●オオカミ 1

●わらの家

●木の家

●レンガの家

P.58-60 ジャンケンしよう

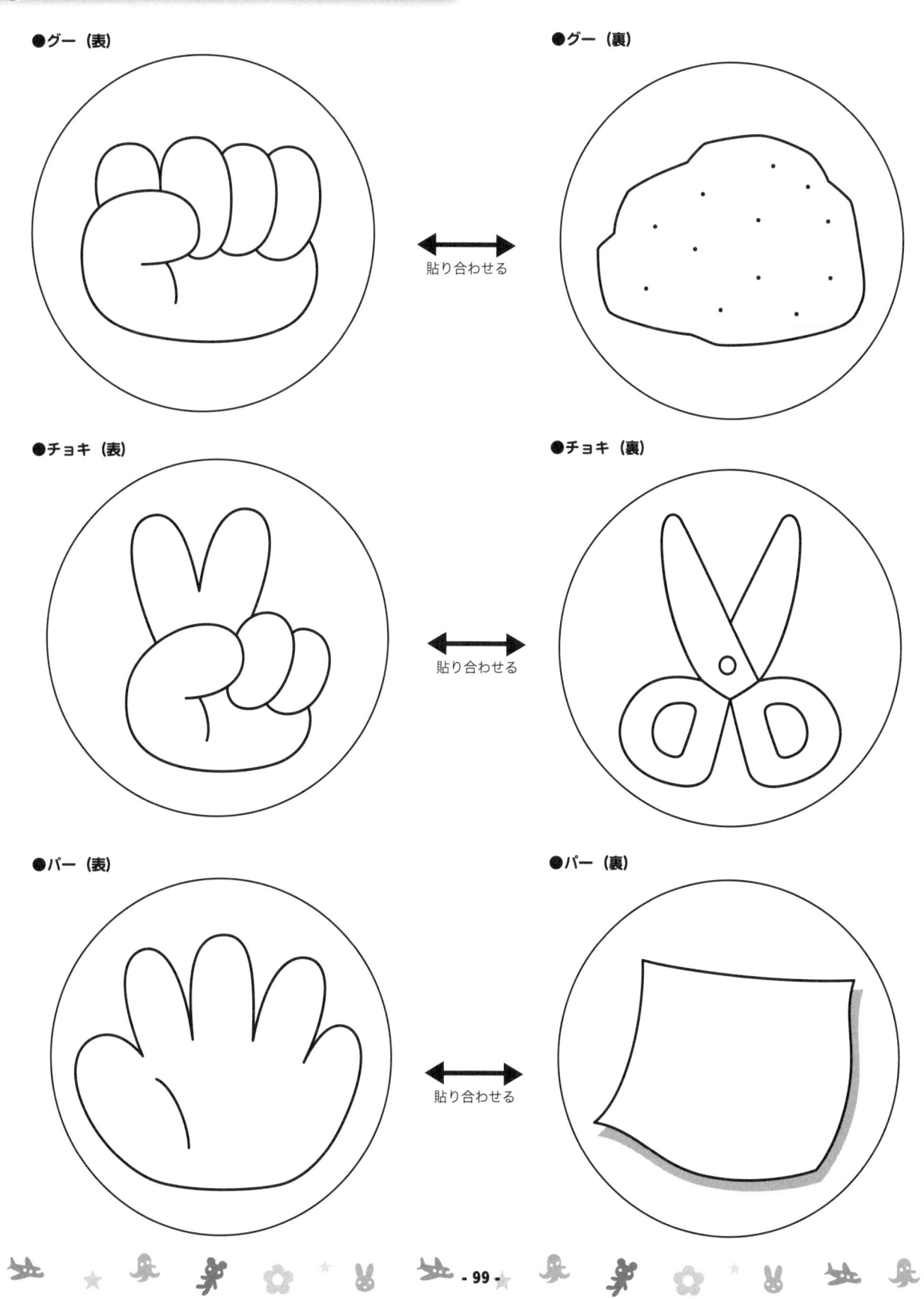

●グー（表）　　　●グー（裏）

貼り合わせる

●チョキ（表）　　●チョキ（裏）

貼り合わせる

●パー（表）　　　●パー（裏）

貼り合わせる

P.61-63 大きくなったら何になる？

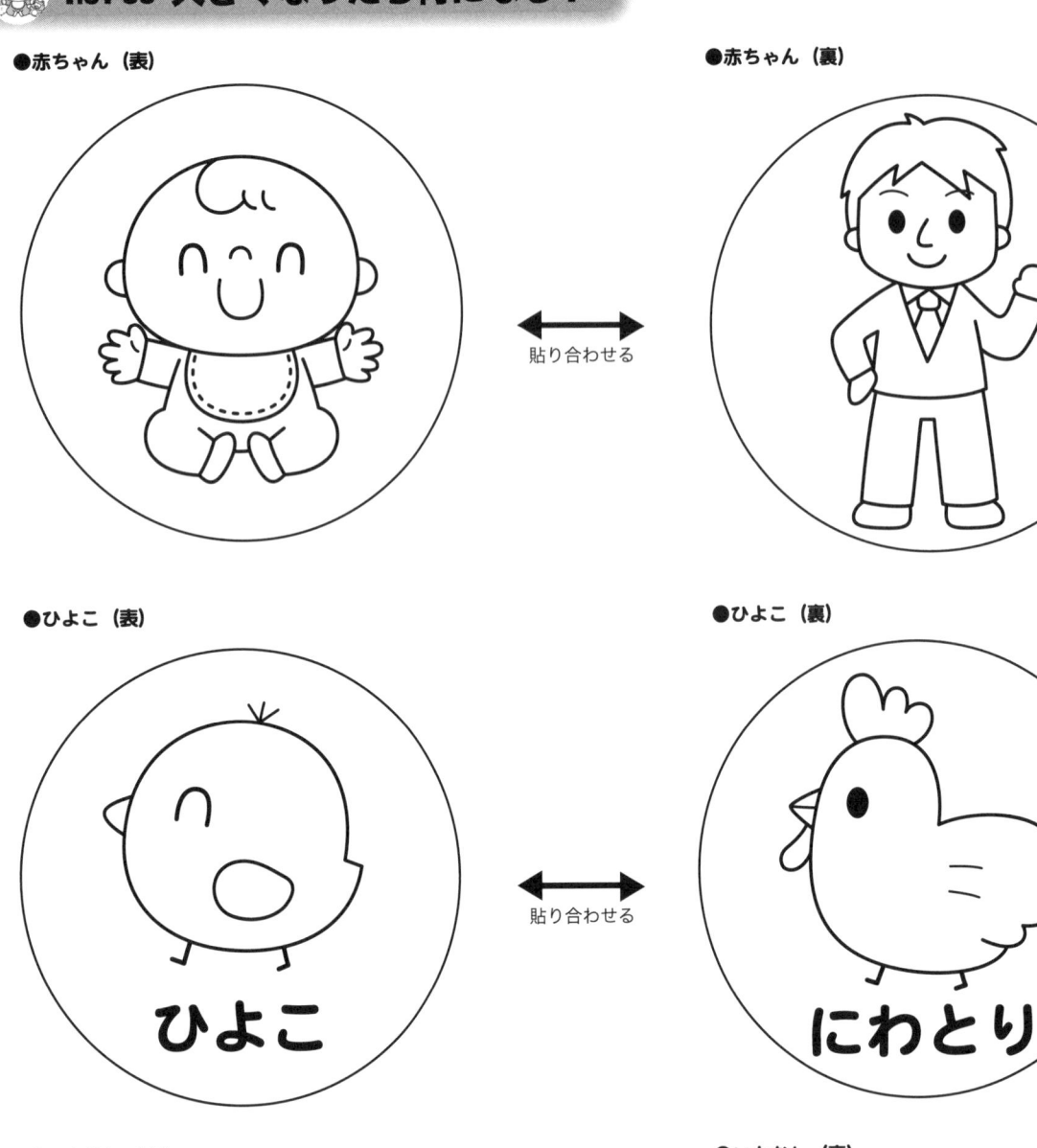

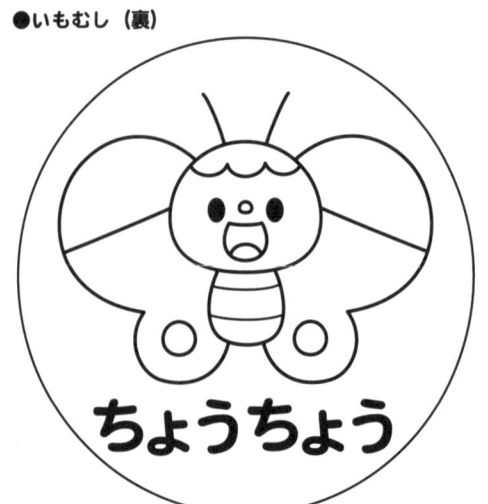

●赤ちゃん（表） ●赤ちゃん（裏）

⟷ 貼り合わせる

●ひよこ（表） ●ひよこ（裏）

ひよこ ⟷ 貼り合わせる **にわとり**

●いもむし（表） ●いもむし（裏）

いもむし ⟷ 貼り合わせる **ちょうちょう**

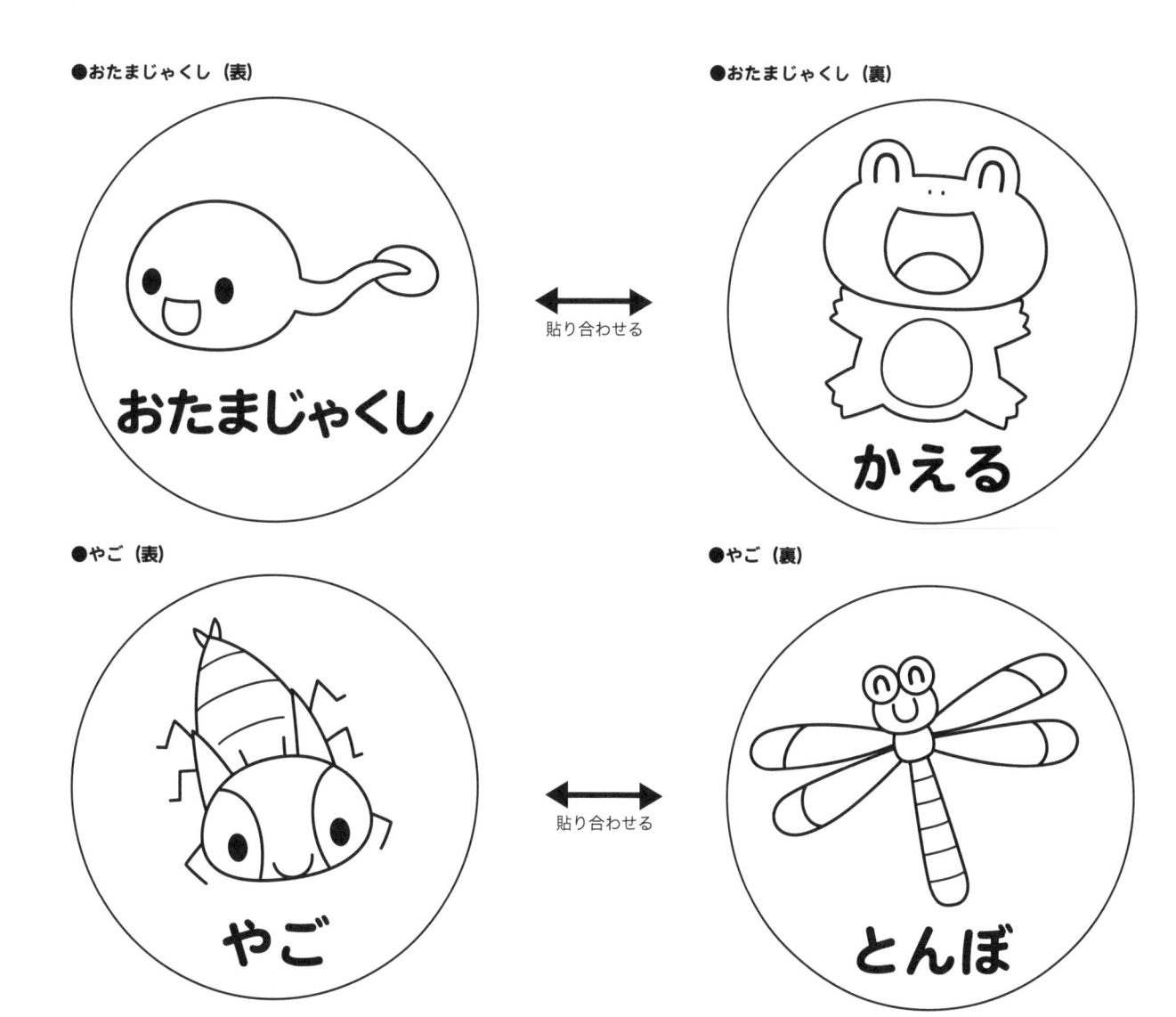

●おたまじゃくし（表）　　　　　　　　　●おたまじゃくし（裏）

おたまじゃくし　←貼り合わせる→　かえる

●やご（表）　　　　　　　　　●やご（裏）

やご　←貼り合わせる→　とんぼ

P.64-66 お返事できるかな？

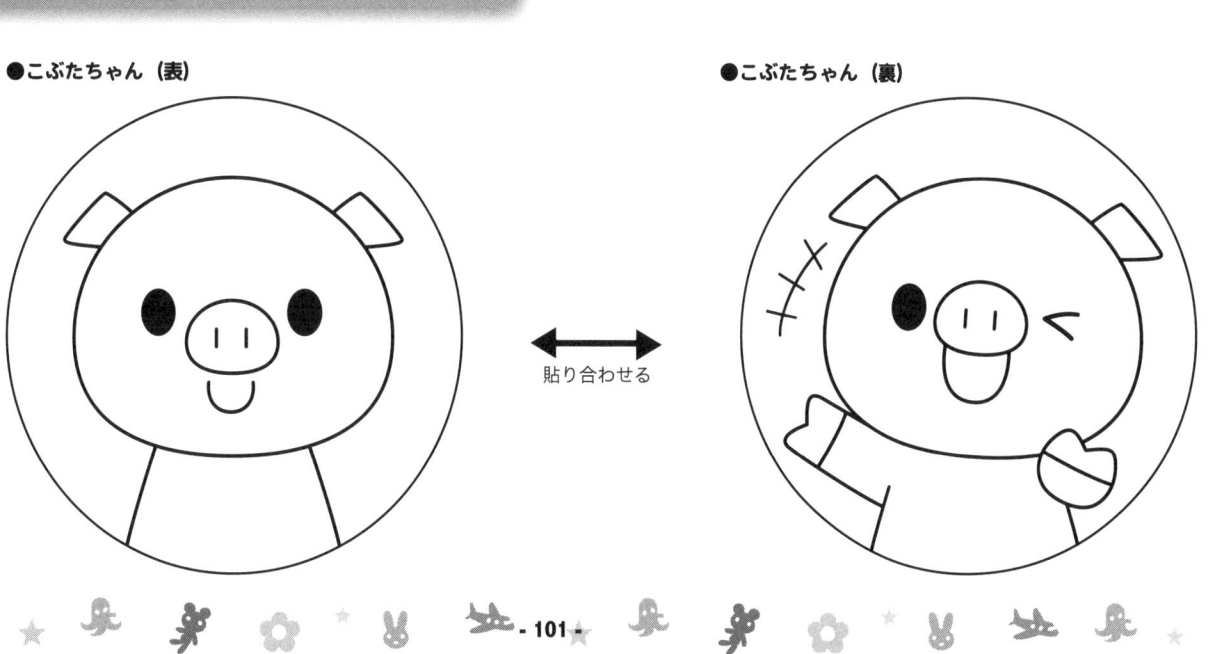

●こぶたちゃん（表）　　　　　　　　　●こぶたちゃん（裏）

←貼り合わせる→

- 101 -

●おばあちゃん（表）　　　　　　　　　　●おばあちゃん（裏）

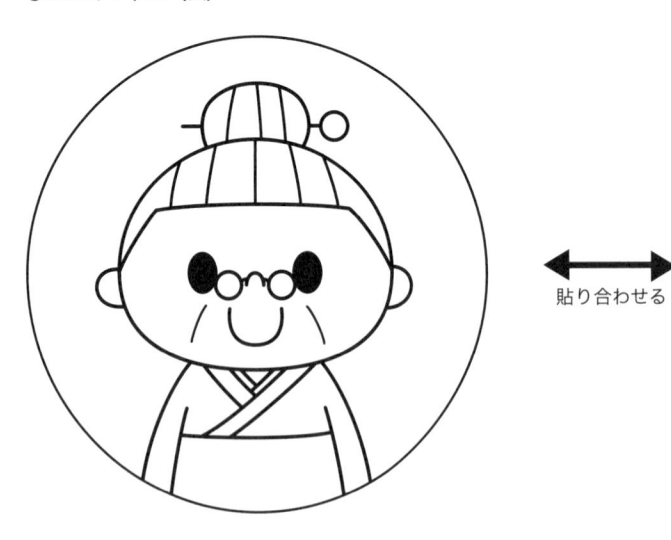

貼り合わせる

●こねこちゃん（表）　　　　　　　　　　●こねこちゃん（裏）

貼り合わせる

●おすもうさん（表）　　　　　　　　　　●おすもうさん（裏）

貼り合わせる

P.67-71 元気にごあいさつ

●おはよう（表）　　　　　　　　　●おはよう（裏）

貼り合わせる

●いただきます（表）　　　　　　　●いただきます（裏）

貼り合わせる

●ごちそうさま（表）　　　　　　　●ごちそうさま（裏）

貼り合わせる

●こんにちは（表）　　　　　　　　　●こんにちは（裏）

貼り合わせる

●さようなら（表）　　　　　　　　　●さようなら（裏）

貼り合わせる

●ありがとう（表）　　　　　　　　　●ありがとう（裏）

貼り合わせる

- ごめんなさい（表）
- ごめんなさい（裏）

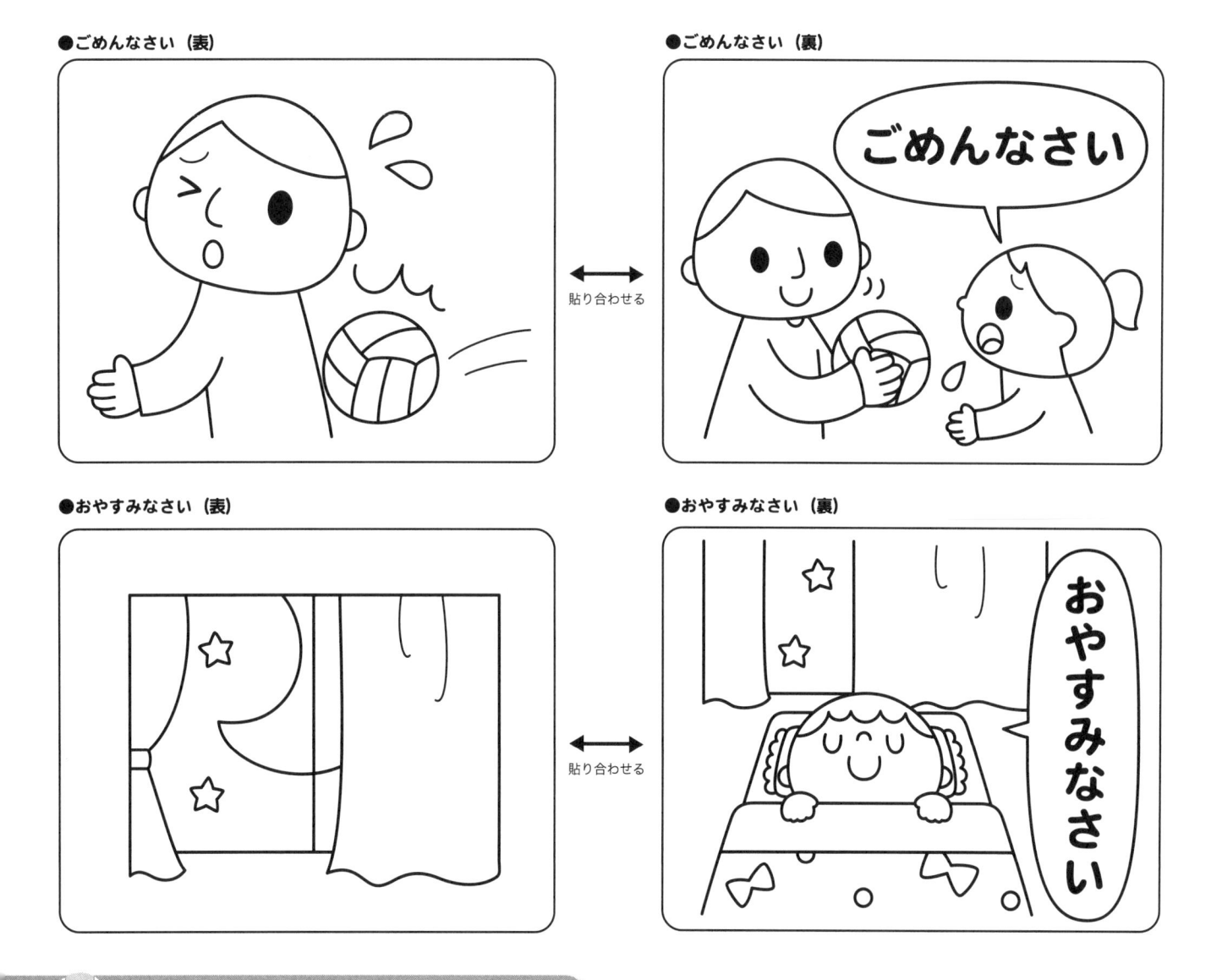

貼り合わせる

- おやすみなさい（表）
- おやすみなさい（裏）

貼り合わせる

P.72-75 私はだあれ？

- ぶた
- パンダ
- しまうま

●うさぎ　　　　　　　　●フラミンゴ　　　　　●キリン

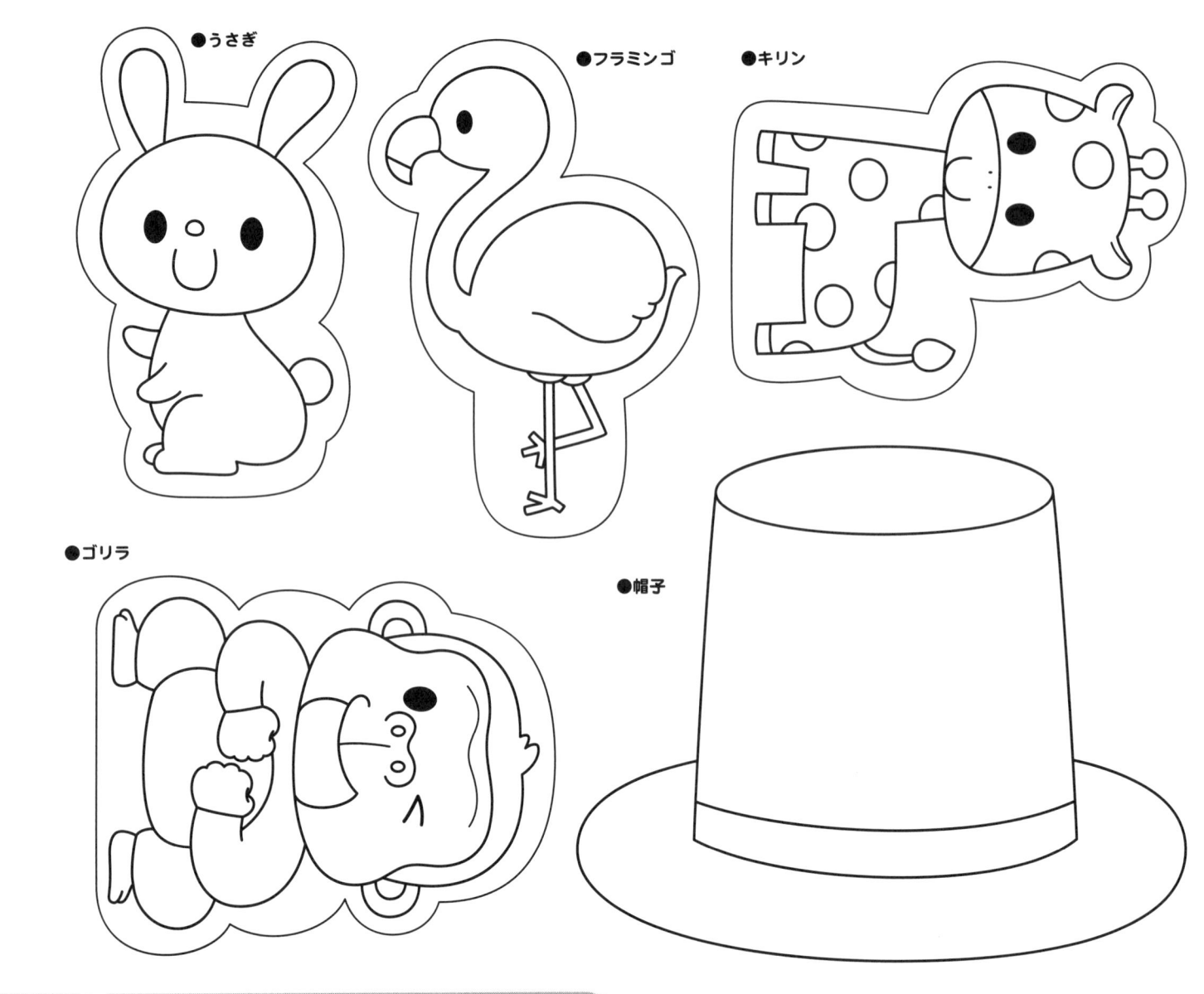

●ゴリラ　　　　　　　　　　　　　●帽子

P.76-78 虫歯キンをやっつけろ！

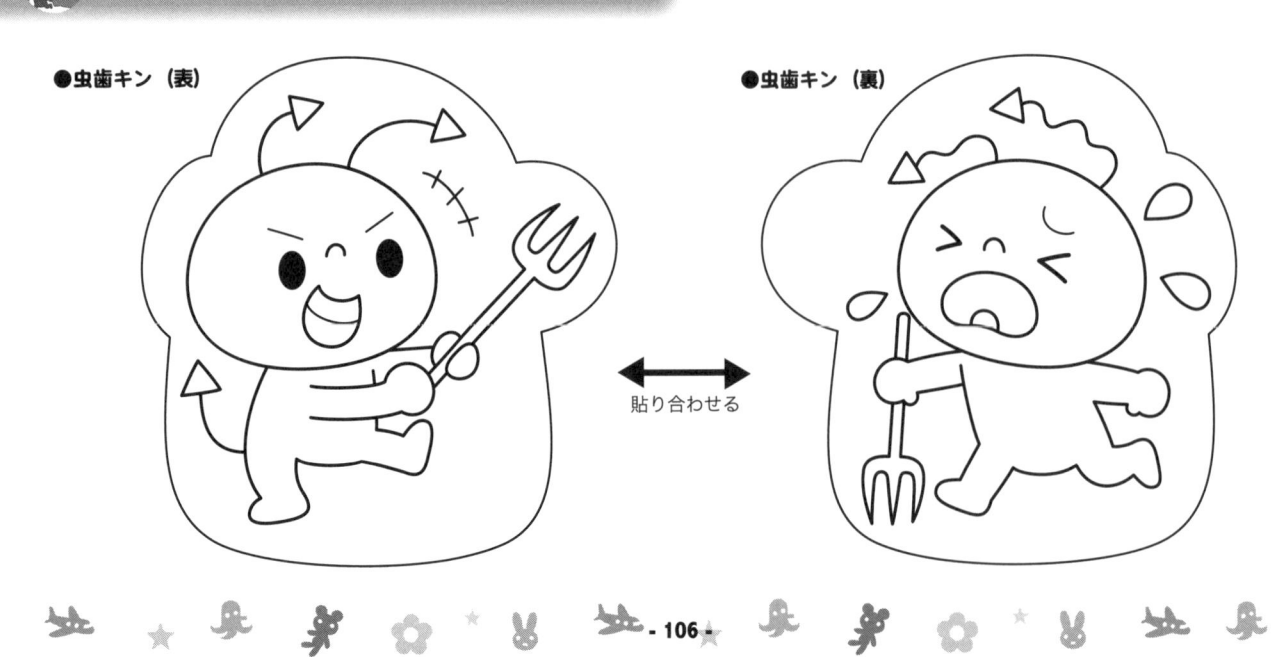

●虫歯キン（表）　　　　　　　　　　●虫歯キン（裏）

貼り合わせる

- 106 -

●カバ（表）　　　　　　　　　　　●ワニ（表）

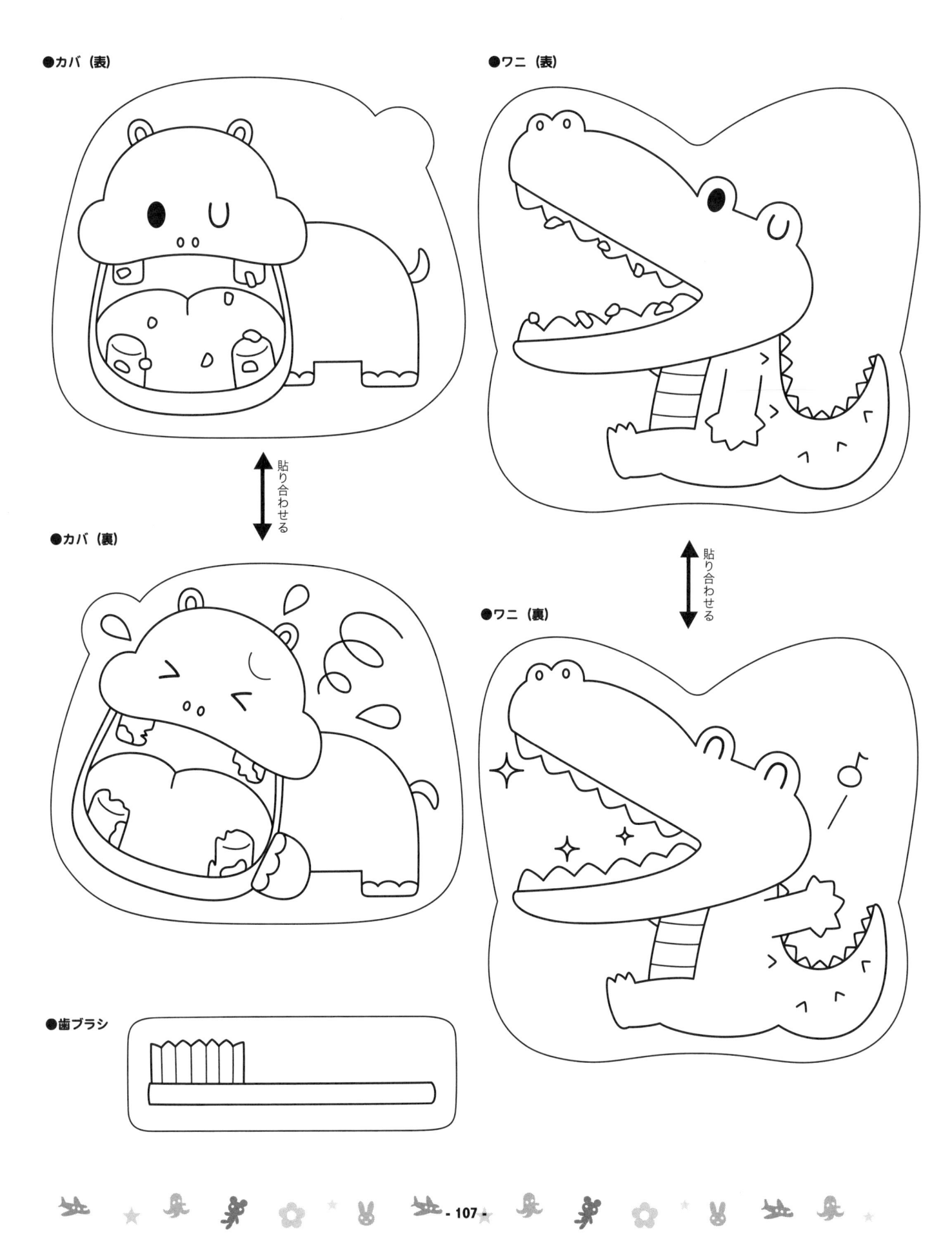

↕ 貼り合わせる

●カバ（裏）　　　　　　　　　　　●ワニ（裏）

↕ 貼り合わせる

●歯ブラシ

★背 景

使う型紙に合わせてできる限り拡大コピーをして、色づけしたものをホワイトボードや壁などに貼りつけてご使用ください。

●野原
P.6 「犬のおまわりさん」
P.10 「こぶたぬきつねこ」
P.34 「うさぎとかめ」
P.50 「ブレーメンの音楽隊」
P.55 「3匹の子ぶた」

●森
P.14 「森のくまさん」
P.50 「ブレーメンの音楽隊」

● 山
P.26「山の音楽家」

● 冬の街
P.38「マッチ売りの少女」

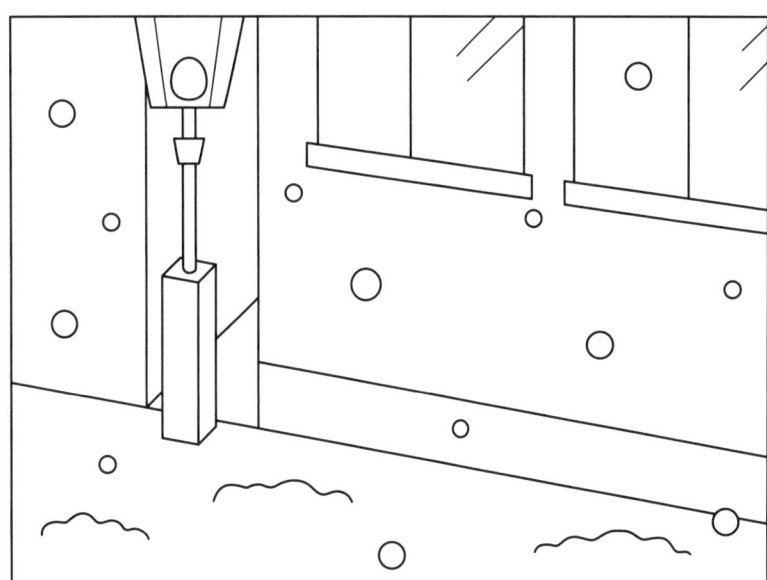

● ステージ幕
P.30「あめふりくまのこ」
P.61「大きくなったら何になる？」
P.76「虫歯キンをやっつけろ！」

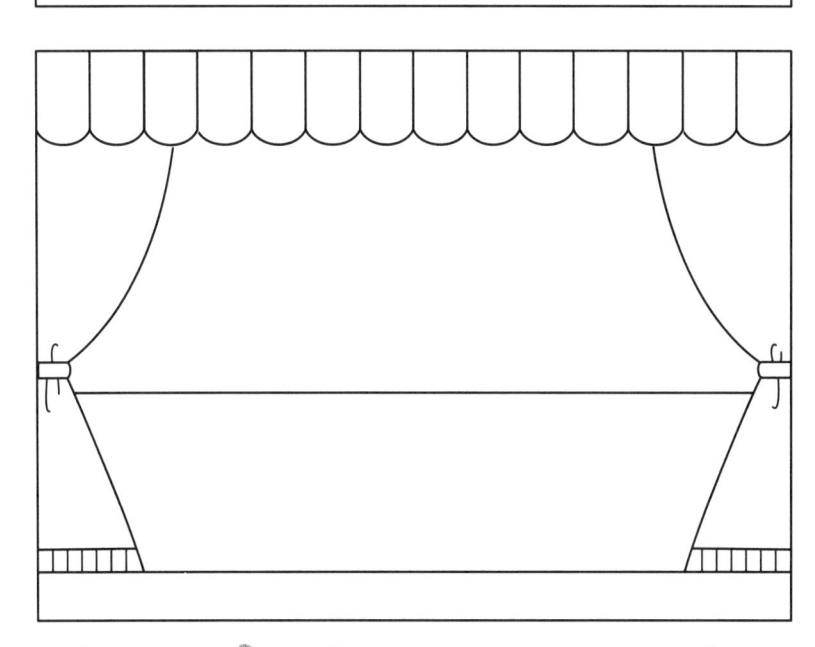

●夏の景色
P.42「アリとキリギリス」

●冬の景色
P.42「アリとキリギリス」

●足柄山
P.45「金太郎」

●都
P.45「金太郎」

● 編著者

井上 明美（いのうえ あけみ）

国立音楽大学教育音楽学科幼児教育専攻卒業。卒業後は、㈱ベネッセコーポレーション勤務。在籍中は、しまじろうのキャラクターでおなじみの『こどもちゃれんじ』の編集に創刊時より携わり、音楽コーナーを確立する。退職後は、音楽プロデューサー・編集者として、音楽ビデオ、ＣＤ、ＣＤジャケット、書籍、月刊誌、教材など、さまざまな媒体の企画制作、編集に携わる。２０００年に編集プロダクション アディインターナショナルを設立。主な業務は、教育・音楽・英語系の企画編集。同社代表取締役。http://www.ady.co.jp
同時に、アディミュージックスクールを主宰する。http://www.ady.co.jp/music-school/
著書に、『かわいくたのしいパネルシアター』、『子どもがときめく 名曲＆人気曲でリトミック』、『みんなよろこぶ！人気劇あそび特選集』（いずれも自由現代社）他、多数。

● 情報提供

学校法人 東京吉田学園 久留米神明幼稚園／小林由利子　簑口桂子　齊藤和美　山縣洋子

● 編著協力

アディインターナショナル／大門久美子、新田 操

● 表紙・本文イラスト作成

イシグロフミカ

幼稚園の先生として働きながらイラストを描き始め、現在フリーのイラストレーターとして活動中。主に、保育・教育関連の雑誌や書籍などで、明るくかわいいタッチのイラストを描く。
著書に「1、2、3ですぐかわイラスト」「1、2、3でもっとすぐかわイラスト」（学研）がある。

かわいく たのしい ペープサート　　　定価（本体 1500 円＋税）

編著者	井上明美（いのうえあけみ）
表紙・本文イラスト	イシグロフミカ
表紙デザイン	オングラフィクス
発行日	2014年2月28日　第1刷発行
	2024年7月30日　第16刷発行
編集人	真崎利夫
発行人	竹村欣治
発売元	株式会社自由現代社
	〒171-0033　東京都豊島区高田 3-10-10-5F
	TEL03-5291-6221/FAX03-5291-2886
	振替口座　00110-5-45925
ホームページ	http://www.j-gendai.co.jp

皆様へのお願い

楽譜や歌詞・音楽書などの出版物を権利者に無断で複製（コピー）することは、著作権の侵害（私的利用など特別な場合を除く）にあたり、著作権法により罰せられます。また、出版物からの不法なコピーが行われますと、出版社は正常な出版活動が困難となり、ついには皆様方が必要とされるものも出版できなくなります。音楽出版社と日本音楽著作権協会（JASRAC）は、著作権の権利を守り、なおいっそう優れた作品の出版普及に全力をあげて努力してまいります。どうか不法コピーの防止に、皆様方のご協力をお願い申し上げます。

株式会社　自由現代社
一般社団法人　日本音楽著作権協会
（JASRAC）

JASRACの承認に依り許諾証紙張付免除

JASRAC 出 1401240-416
（許諾番号の対象は、当該出版物中、当協会が許諾することのできる出版物に限られます。）

ISBN978-4-7982-1945-5

● 本書で使用した楽曲は、内容・主旨に合わせたアレンジによって、原曲と異なる又は省略されている箇所がある場合がございます。予めご了承ください。
● 無断転載、複製は固くお断りします。● 万一、乱丁・落丁の際はお取り替え致します。